# 留俄回憶錄

王覺源——著

國家圖書館出版品預行編目資料

留俄回憶錄／王覺源著.－－二版一刷.－－臺北市:
三民, 2018
面;　公分.

ISBN 978-957-14-6368-1　(平裝)

1. 王覺源 2. 回憶錄

782.887　　106023347



| | |
|---|---|
| 著作人 | 王覺源 |
| 發行人 | 劉振強 |
| 發行所 | 三民書局股份有限公司<br>地址　臺北市復興北路386號<br>電話　(02)25006600<br>郵撥帳號　0009998-5 |
| 門市部 | (復北店) 臺北市復興北路386號<br>(重南店) 臺北市重慶南路一段61號 |
| 出版日期 | 初版一刷　1969年9月<br>二版一刷　2018年9月 |
| 編　號 | S 780290 |

行政院新聞局登記證局版臺業字第〇二〇〇號



ISBN　978-957-14-6368-1　(平裝)

http://www.sanmin.com.tw　三民網路書店

※本書如有缺頁、破損或裝訂錯誤，請寄回本公司更換。

推薦序

# 一本「到俄國去看看之前」與「看看之後」都愛不釋手的書

裴凡強

打從開始學習俄文起，除了課堂上老師指定的讀物之外，我還常常主動到圖書館，閱讀各式各樣相關的課外書籍，特別是出發前往莫斯科大學之前，更是讀遍了館藏所有俄文圈前輩在旅俄時所撰寫的作品。本書作者王覺源先生因為「聯俄容共」政策而負笈蘇聯所撰的《留俄回憶錄》，當然也列在書單之中，當時看得興味盎然，沒想到事隔廿多年，竟有機會為這本書的再版作推薦序，著實備感殊榮。

因為種種原因，國父孫中山先生晚年推動影響中國現代史最大的「聯俄容共」政策，並在南方的國民政府根據地實行。這項政策除了著眼在軍事與政治上的合作之外，在文化上更是蘇聯軟實力的重點展示區，作者寫道「我們對俄國唯一的需要，只是武器和錢」，當然是一廂情願。經過考試，國民政府選派了一批留學生前往莫斯科讀書（包括蔣經國），王覺源也是其中一位。他在自序中寫著「到俄國去看看」（其實應該是蘇聯），這出發前的心情，正代表著那個年代的「覺醒青年」，想看到蒸蒸日上的蘇聯革命經驗，希望能將之複製於中國；相隔七十多年，我也一樣要「到俄國去看看」，但我看到的卻已經是蘇聯解體後百廢待舉的俄羅斯，從書中對於蘇聯的諸多批評看來，解體的禍根，至少在一九二〇年代就已經埋下。

近日為了作序，重新細讀全書，這才發現王覺源書中提到的許多地方，特別是莫斯科，我幾乎全去過；而他中轉的地點海參崴，則是我過去工作的地方，他的文字，似乎讓我們超越時空，展開了一場座談，而他筆下的惡魔史達林，竟是我好朋友的曾祖父，將今昔相對照，深感句句有趣，篇篇驚喜，同時也對世局變化之大、之快，感到唏噓與嘆惋。

不過書中有些地方的描述，倒是永恆不變的，比方說海參崴的海鮮和喬治亞的風景，至今依舊聞名遐邇，特別是當他提到烏克蘭的美女時，令我不禁莞爾，男人想看的，大概從來沒有什麼改變。

儘管作者在書中的一言一語，都能夠看到反共與冷戰年代的影子，以今日的角度來看，未免稍失偏頗，但絕對不失為珍貴的第一手史料，有其存世的價值，相信每一位翻開這本書的讀者，都能對蘇聯，還有那個革命的年代，有一番深度的認識。

二〇一八年四月

# 自序

二十世紀之二十年代，乃世界近代歷史開始劇變的時代。地球北部，出現了一個共產國家，轟動了整個世界。影響所及，中國也採取了聯俄容共政策。從茲迄今，世界局勢的動盪不安，中國禍亂之綿延不絕，探本究根，無不淵源於此。經過二次大戰之後，世界顯然形成民主與共產兩大集團的對壘。我國民政府，播遷來臺，作了世界反共抗俄的柱石，於是民主自由的曙光，才照亮了人類世界。

當二十年代中，中國革命政府，初奠基於廣州。一九二五年，先後選派幾百學生留學蘇俄。主要目的：一在學習蘇俄革命的經驗，以資借鏡；一在實地考察共產國家的真相，取精用宏。三數年中，雖部分學生，被蘇俄引誘收買而同化；而大部分學生，則始終堅貞亮節，不為人奴，維護民族立場，隱為反共抗俄的中堅。今日追隨政府來臺者，約六十餘人。白頭聚首，壯志彌堅，開元話舊，彷彿如昨。僉謂鑑往勵來，雖往事如煙，何能無紀！

故本書所敘，雖係個人執筆，仍不異集體創作。一鱗半爪，更無非現場觀察研究所得之真憑實據。其中有大的問題，也有小的故事；有硬性莊嚴的內容，也有輕鬆幽默的風趣。縱令四十年前事，不免有些模糊，這或許只在時空方面；但對人事物的體認，尤其對共產主義性格的瞭解，與蘇俄廬山面目的見識，證之今日若干事實，仍然沒有差池。至於小的故事，也都有人證物證，絕非子虛烏有之談，只恐有所扞格，恕未點名直書而已。

書成之日，山雨初歇，風木有聲，空齋剪燭，百感縈懷，仿如一場惡夢，不謂今猶未了也。而家國之念，始終貫注；復土之心，未嘗或息；斯亦　國父孫先生所示：「革命尚未成功，同志仍須努力」者歟！集眾所言，難免掛漏，文詞章法，容未一致，其他差誤，更或不甚，則希讀者有以諒之正之！同學張民權教授，對作者提供資料與指導很多，並此致謝！

五十八年七月王覺源序於新竹

# 留俄回憶錄

## 目次

推薦序
自序
001 到俄國去看看
004 赤燄由西轉向東
009 兩所製造共產幹部的大學
015 中國選送留俄學生
019 由廣州到莫斯科
026 同地異時的旅況

032 列寧墓和列寧禮讚
037 習慣的生活方式變了
044 雙料首都莫斯科
052 孫逸仙大學剪影
055 負笈俄京第一課
059 中國問題專家——拉狄克
064 七百年前的中國古城
068 謀叛的豪傑——列寧
074 理論鬥爭的最高潮
079 共產國際對中國政策之爭
083 國共兩黨理論鬥爭
090 旅莫支部開場與收場
094 豪華的藍色快車
098 奢侈的郊外住宅

莫斯科的博物館 102
有名的大都會旅館 106
外國人士旅行的困難 110
人民行動受限制 117
克里姆林宮描影 121
私相授受的黑市與賄賂 126
一代梟雄——史達林 130
階級專政到權歸一人 141
政治局側影 146
第二代的名流 151
微妙複雜的鬥爭藝術 155
共產主義的新宗教 159
共產黨專吹肥皂泡 163
所謂勞工的天堂 169

174 社會主義化的醫藥
178 留俄華僑的生活
183 共產黨訓練黨員的方式
188 避暑專為曬太陽
195 反對派領袖托洛斯基
200 第二大都列寧格勒
206 蘇里那得的風波
210 馮玉祥之一子一女
214 天天開會事事開會
218 史達林有個好太太
222 中華故土海參崴
227 留俄學生脫險歸國

# 到俄國去看看

中國對蘇俄之派遣留學生，古老的歷史關係，暫且不必去研究它，但中國之有正式的大批的派遣留俄學生的事實，實始於俄國革命以後。中國留學史上，一向是留英、美、法、德等國的學生最出風頭，留俄卻是異常的冷門。怎麼冷門會驟然變為熱門？這原是不難理解的事。大家都知道：俄羅斯帝國經過了十月革命，已經變成了世界上唯一特出的國家——共產主義的國家。從世界革命的歷史來看，無論何人不能不承認一九一七年的俄國革命，是近代歷史上最重要的事實之一。它的重要性，不只政治與社會的各項問題從此出現了一種新的解決方式，姑勿論其能不能解決；也不只是複雜的國際關係，從此使人受到發暈的震盪。它的重要性，從好的方面說，乃是給文藝復興以來新思想一個總結。倘使將法國大革命與之相較，仍不免有小巫大巫之別。為什麼？俄國革命是三百年來革命思潮的總清算。如果說文藝復興的革命，著重在思想——人文主義；法國大革命，著重在政治——推翻君主。那末，俄國一九一七年的革命，除思想與政治之外，最表現與眾不同的地方，是經濟與社會。不過它的理論與事實，比較前者為極端為激烈，且如西伯利亞起了颶風，沙塵吹散到了全世界。從不幸的方面看，俄國革命，正是一百年以前馬克思和恩格斯「一個魔鬼徘徊於歐洲」（共產主義宣言）預言的實現。但這魔鬼的顯出真形，卻沒有依照馬克思理論的判斷，先要顯於所謂資本主義先進國家，像英國和德國，而偏偏先落在經濟落後，貧苦的寒冷地帶──俄羅斯國土，使人不能不感到驚奇！馬克思那套若有其事的理論，在世界瘋狂信仰之下，頓時打了折扣，引起懷疑，固不足道。原來捧著馬克思經典，擺出勞動解放面孔的俄國革命，不久也拋棄了馬克思這個包袱，伸出魔掌，張開血盆大口，向四方八面來吞噬。西伯利亞的颶風便成了今日人類生存的威脅。換言之，俄國的十月革命，不但沒有替政治與社會問題的解決，發生積極有效的作用，直為人類生活途中鋪上遍地的荊棘。有些不太熟習俄國情形的人，以為蘇俄還是熱愛著馬克思主義，這想法如果是正確的，但今天卻仍像百多年前一樣，還是一個未曾實現的夢。它已經有了一百多歲的年紀，而它的期望迄未實現，縱是一個頑固的執迷不悟者，這事實終免不了要引起對馬克思那套論見的懷疑。今日反共思想和行動之能瀰漫於全世界，人們的生存威脅和思想懷疑，自是一個有力的客觀條件。

當著神祕性的俄國革命的真相，還在巧飾宣傳，沒有揭穿的階段，世界的政治學家、社會學家、經濟學家和一般社會主義者，都有一種大體相同的想法：我們並非生性懷疑別人是否具有真理和已夠幸福；但對於俄國的現狀，我們被迫如果不在思想上有所決斷，就應該在行動上有所決斷。現在既然在大部分思想和行動上表現了出來，我們的決斷與他們有所不同，我們就該知道這不同在那裡？如果我們與共產黨人是在同一世界內致力於相反的目的，那就該看我們與他們的目的在那裡與怎樣相反？當兩種目的相遇與衝突時，我們必須注意究竟是我們的還是他們的目的被粉碎。不管是我們的，或他們的，首先都必須有一種直接的觀察和瞭解！由是一九一七年以後，「到俄國去看看！」在西方學者和政治家中，便形成為一種普遍的願望。正在內憂外患痛苦呻吟中的中國青年，在這一新的誘惑與好奇心理之下，自然也有著美麗的憧憬！適逢其會，中國　國父孫中山先生重建革命基地開府廣州。一方由於蘇俄革命領袖列寧之奉獻慇懃；一方蘇俄革命成功的經驗，或有可供我們觀摩之處。在這種情感與理智激盪之下，於是有大批的中國學生，從廣州、上海、北京、天津等地，湧上西伯利亞的征途，「到俄國去看看！」這是一九二五年（民國十四年）至一九二六年秋季的事。此一短短期間，亦即是中國留俄學生的黃金時代。

# 赤燄由西轉向東

中國學生「到俄國去看看！」說得恰當一點：在我們方面，是要去學習蘇俄革命的理論與經驗，取其長，去其短，發揮到中國國民革命運動上面來。而在俄國共產黨的要求，卻是要替中國製造一批為共產宣勞為蘇俄效命的幹部人才。何以見得？這只有從蘇俄當時所執行的政策，才能求得解答。

蘇俄十月革命以後，經過幾年的內戰和饑餓，到一九二一年，改絃更張，實行所謂新經濟政策，國內才得到一種差安的局面；但是西方國家對它的包圍封鎖，並未因此而打破，阻塞「赤禍蔓延」，反因蘇俄內戰的停息，使西方國家更提高了對它的戒備。在蘇俄，一九一七年以後共產黨人所進行的「世界革命」，原來是以馬克思主義為指導原則，側重於「歐洲資本主義先進國家的無產階級革命」。經過匈牙利、德國革命失敗之後，乃覺此一理想難於實現，於是轉過頭來，再向東方發展。列寧曾經自慰的說：「亞洲被壓迫的民族，是世界革命的潛伏力量；亞洲各落後國家，是帝國主義的大後方。」從此列寧即很重視東方國家的地位，認為東方國家反抗外國壓迫者的暴動，很容易轉變為社會主義的革命。一九二〇年，共產國際舉行第二次大會，因之通過了列寧所提「關於民族與殖民地問題」的論文，與印度共產黨員洛易的建議，確立六項原則，作為執行的張本。自茲而後，赤燄即開始撲到東方來了。齊諾維也夫曾稱：「從地理上來看，無產階級是從東方向西方移。無產階級革命這種趨勢現在已經確立了。同時拯救世界的人，也是從東方來的。」本來俄國的地理環境，在世界原有「歐亞兩洲間清算處」之稱。歐洲人以為俄國是屬於亞洲，亞洲人以為俄國是屬於歐洲。即因俄國在沙皇時代，對歐洲它充了國際警察；對亞洲它又實行了歐洲帝國主義的政策。十月革命以後，蘇俄在性格上雖施了一番偽裝，但資本主義的歐洲，仍以為它是「亞洲布爾塞維克主義災禍」的發源地，而東方的人又以為它是「歐洲共產主義革命思想的產生者」。共產黨之否定馬氏主張，即實有東西逢源之概，因為他們並沒有因此而完全放棄西方。不過東方社會關係非常複雜，封建制度和民族家族組織的存在，尤共產主義的領袖們認為是最有希望的地方。關於這一點，列寧亦特別說得多。

共產黨對於民族與殖民地的六項原則，如何實行？第一步工作，必須向東方人民證明蘇俄不像歐洲資本主義國家一樣，它是他們真正的朋友，它很關懷他們的福利，自己不但不貪什麼東西，連以前舊俄對他們所既得的權利，也願放棄。這種討好東方人民的欲取先予的欺騙行為，如取消向沙皇政府所借的債務；歸還俄國租界；歸還銀行、鐵路、工廠及取消一切不平等條約；當時確是表現了一些精彩節目。對於中國，當他們派遣加拉罕做公使來華的時候，也採取了同一的態度和作法，保證建立純友誼的關係。當時中國人民，未明這是他們的欺騙引誘政策（後來中東路問題，即予證明），對於俄國革命，的確也發生過好感。共產黨對東方人民，一方做些欺騙宣傳，惠而不費的工作；一方則鼓勵東方人民要求帝國主義國家給他們以同樣的報酬。於是一種君子小人之慼，自然會發生於東方人民的心坎中。而東方人民與帝國主義之間的糾紛與仇恨，也就愈來愈深了。共產國際便再進一步把東方各國組織起來，以抵抗歐洲的壓迫者。這最重要的次一步驟，便是一九二〇年九月，共產國際在巴庫「東方人民會議」的召集。

這個會議，是俄共策動共產國際（列寧運用的工具）所召集的，到會的有一千八百多人，代表東方三十二個國家。在中國方面，據說也有兩個自稱代表的人——陳獨秀、楊明齋——參加。齊諾維也夫和拉狄克，在這次會議上，曾叫大家與協約國的帝國主義政策鬥爭；叫東方被剝削的群眾對外國暴虐的待遇作神聖的戰爭。齊諾維也夫還解釋說：「據我的意見，東方還沒有到共產主義的時期，所以共產國際現在願意與國家社會主義和革命份子合作。」這次會議，共產黨雖是萬分熱忱，結果並不圓滿，因為許多國家的代表宣稱：「他們對俄國惟一的要求，只是武器」，其他都不是他們所需要的。齊諾維也夫問許多代表：「諸位知道布爾塞維克到底是什麼東西？」代表們答：「布爾塞維克是英國的敵人。」齊諾維也夫再問：「布爾塞維克與資本主義和地主鬥爭，你們對這種事情有什麼感想？」答道：「這種事情，我們不太感覺興趣。」真是弄得齊諾維也夫啼笑皆非。這會議共產黨原想設立一個永久的組織，不消說是失望了。東方國家，至今仍不歡迎共產主義，這似乎就是它們最早的態度。

共產國際的決策，此時是「東方重於西方」。齊諾維也夫更強調：「馬克思曾說：歐洲革命如果沒有英國參加，就等於在茶杯裡起颶風。我敢說：無產階級革命如果沒有亞洲參加就不算世界革命。」可是組織東方各國革命的「東方人民會議」，卻給了他當頭一棒，他沒體會到這是同床異夢的必然結果，還歸咎於東方共產黨的「無人」與「無知」。因之使共產黨首領們更感覺有向東方宣傳共產主義，培植共產人才的必要。就「世界革命」形勢說，將來利用東方潛伏力量，摧毀帝國主義大後方，資本帝國主義自然是會土崩瓦解。可是東方被壓迫和落後國家中，特別是中國和印度，現正已掀起了大規模的民族革命運動。能夠利用這種民族革命，發展而為「共產革命」，更是一件輕而易舉的事；但這必須共產黨人在這運動中能夠取到革命的領導權，造成「共產革命」的形勢和條件。達成這目的主要基礎，也必須先有為共產主義效命的共產黨員。於是培植東方和中國的共產幹部，便成了當時共產國際發展東方「革命」的主要策略和先決條件。

# 兩所製造共產幹部的大學

共產國際認為發展東方各國革命而為共產革命，主要的先決條件在製造東方各國共產的幹部。一九二〇年以後，在莫斯科因有一所專門培植東方各國共產黨員的「東方大學」（應稱東方勞動大學，命名史達林，簡稱「東大」）出現。校址是普斯金街附近一棟四層樓的大廈，相當宏偉。校長蘇勉斯基，在俄國共產黨中，雖不占重要地位，卻是一個具有野心的人物。學生的來源，都是由東方各國共產黨保送的，自然多是其黨員和團員。因為當時東方各國共黨組織尚未發展，不易找得黨團員，非黨團員只要思想能同情於共產主義的人，欲列門牆，也不困難。後來的中國共產黨人如瞿秋白、張太雷、陳延年等，據說就是在這樣情形之下進去的。經常學生有三四百人之多，包括有五十幾種民族。其實也不限於東方民族，像高加索、波蘭、立陶宛、芬蘭乃至法國和美洲黑人，都有參雜其中，真是一個五光十彩的民族萬花筒。各種不同風俗、習慣、語言、文字的人，生活在一塊，又都缺乏國際主義的深切修養，總不免各不相謀，互存歧見。情感上的交流，實不如一個或兩個民族共處之容易接近與和諧。好在唯物辯證法的訓練，正是要排斥這些。所以由東大出來的學生，都說不出交上一個或兩個外國朋友。這在西洋留學生看來，自不免詫為一種奇事。

在中國廣州，孫中山先生所領導的革命政府，於一九二三年實行聯俄容共政策，證明此乃蘇俄駐華公使加拉罕和共產國際神祕人物威金斯基與越飛，秉承莫斯科的計劃在中國活動以幫孫先生革命為名所獲得的結果。是年鮑羅廷跑到廣州，不久就成了中國政治上的重要份子。革命政府與蘇俄和第三國際，自有一種不平常的國際交往。正當中國革命勢力蓬勃發展之際，中國革命導師孫中山先生病逝於北方。共產黨的想法，以為這是一個爭取領導的絕好機會，乃在廣州製造國民黨左右派，而煽動其內鬨，主要的手段就是利用汪精衛來打擊胡漢民先生。在上海則發動反英的「五卅」運動，擴展而有廣州的六二三慘案。結果雖使鮑羅廷失望了，也益使共產國際感覺中國共產黨人力的不夠，組織的薄弱。因之，一九二五年乃藉紀念　國父孫先生為名，在莫斯科設立一所「孫逸仙大學」（應稱中國勞動大學，命名孫逸仙，簡稱「孫大」，校址在阿羅罕街），要求革命政府派遣大批學生留俄。在蘇俄陰謀還未暴露與中蘇關係未形破裂之前，蘇俄這種作法，無疑的是會使人感到愉快和信任的。國民黨接受了蘇俄的建議，在廣州公開考選了一百八十名青年（中央黨部考選一百五十名，黃埔、湘軍、滇軍三軍官學校各考選十名）；上海和平津兩地各選派（因兩地不能公開招考）五十名；通過鮑羅廷路線，特別介往者，不下三十餘人；共約三百二十名青年學生，都於一九二五年冬或次年秋，分批進入了紅色的熔爐。由廣州去的，原來約百分之九十是國民黨的黨員，而上海和平津所送的，則大部分為共產黨團員。後來國民黨員復被共黨吸收一部分，於是共黨則三分天下有其二了。孫大與東大唯一不同的地方，即前者學生都是中國人，共產的味道也比後者沖淡一點。政治觀點，雖有國、共的歧異，最初相處還算很好。雙方關係之壞，是在中國國民黨清黨以後。校長拉狄克，雖是共產國際的重要角色，卻有一種學者風度，相當得到學生的好感。可惜在校不過年餘，因俄共鬧黨派關係，被副校長史達林之親信米夫取而代之。

東大和孫大都是直隸於共產國際的東方部，因之它的教育宗旨和方針，也沒有大的差異。兩校雖名為大學，其實都只相當中國現在大學組織的一個系，不過人數多一點而已。主要課程，有唯物史觀、政治經濟、西方革命史、俄國革命史、社會形式發展史等，都是根據馬列主義所構成出來的東西。教授除俄國人以外，以德國人較多。中國學生百分之九十以上最初是不懂俄文的，教授多以英、德、法文講課。分班上課，每班二十餘人。因教授不少，翻譯人員就缺乏了。上課、講演、出門參觀既要翻譯，大批的講義更要翻成中文。在這情形之下，學校當局又得設法培植翻譯人才。同時，講義出產本來是用油印可以對付的，後來多了，抄寫和印刷也成了問題，為了克服這一困難，學校又在中國買了一部印刷機和字模，並雇去幾個中國印刷工人。草創的艱難，即此可以見之，其餘則尚非我們直接感到的。

東大中國班的學生原來不過二三十人。共產黨在廣州南昌暴動之後，其黨徒逃往莫斯科者甚多，漸次增加到三四百人，除原有的政治班外，另外開設兩個新的班，一為軍事班，專門訓練軍事下級幹部，一為預備班，容納一批程度低淺的工農份子。但是女生極少，總其不過七個娃娃，這種陽盛陰衰的現象，是男生們最感苦悶的地方，也是後來東大併入孫大成功條件之一。蓋俄國共產黨自列寧死後，史達林與托洛斯基派的鬥爭，已日趨明朗。中國學生，後來亦大半捲進了這一旋渦。以反對「旅莫支部」（原係中國共產黨駐俄黨部）餘孽為藉口，掀起無法調和的鬥爭。於是第三國際東方部，乃決定將東大（僅中國班）與孫大合併。究竟東大併入孫大，抑孫大併入東大？因之又引起了蘇勉斯基與米夫之間的爭端。而中國學生的意見，孫大的不想入東大，東大的則想進孫大，認為孫大有三多：中國人多，女孩子多，自由得多。米夫得了中國學生的支持，再通過一點路線，終於占了上風。一九二九年東大的政治班和預備班實行併入孫大，軍事班則分配於各軍事學校，東大與中國人的關係即從此斷絕，蘇勉斯基不久亦憤而辭職。

孫大的學生，第一、二期原來已有三百人，女的約占十分之二三。大部分是從中國去的，極少部分是從德、法等國去的。因之份子異常複雜，有少爺、小姐、太太和姨太太，有軍人、工人、農人，最多的是學生，照共產黨分階級的說法，百分之八九十是小資產階級。這樣，程度就自然不齊了，有大學畢業或大學教授，最低的小學沒有畢業或根本未進過學校的也有，共產黨在廣州南昌暴動以後，中國的學生陡然增加，但程度就更差了。第一、二期畢業的學生，因我國內清黨的關係，國民黨員即被分批遣送回國，而共產黨認為「反動」最烈的份子，則安置在外人所不知道的地方。留下的共產黨員，則強迫學習軍事，分配在步兵、砲兵、空軍（馮玉祥原來派一批人在那裡）及射擊等學校，少數人則進了陸軍大學（原來有賀某王某周某三人在本校）和紅軍政治大學。今日共產黨軍中的高級幹部，大半還是以這些學生為主。從此以後，孫大則變成了共產黨的清一色。共產國際從該校源源製造出來的中國共產黨幹部，就不知有多少。中國共產黨內部，國際派陳紹禹等與土著派毛澤東等之鬥爭，亦即種根於此。

到了一九三〇年，國際上托派與史達林派的鬥爭，既未稍歇，而中國學生中的派別格鬥，亦未因東大和孫大的合併而沖淡，事實上由於國內共產黨內部的伙併屠殺，反映到莫斯科以後，轉如火上加油，愈鬧愈兇起來。弄得米夫沒有辦法，第三國際東方部也傷透了腦筋。終於在俄國共產黨大清黨之下，把孫大關了門。所有學生，大部分送往中國延安，參加共產黨軍政工作；一部分則留在俄國作工；另一部分與國際或米夫有深切關係的，像王稼祥、張聞天、陳紹禹之流，則保送到「紅色學院」（如中國的研究院，是俄國最高的學府）。還有些原在共產黨中有地位的人物，如董必武、吳玉章、方維夏、林祖涵、江浩等之流，則送到「列寧學院」去染上一點顏色。原來掛羊頭賣狗肉紀念孫先生的所謂「孫逸仙大學」，也就成了歷史上的名詞了（其實我國國民政府已於民國十六年八月，宣布取消了莫斯科中山大學名義）。最後要補充說明的一點，留俄學生之中，仍有少數特殊的學生。這是在國民黨清黨以前的事。凡國民黨要員，到俄國去考察者，孫大照例要開一次歡迎會，並在隆重的禮節中，送他一張「學生證」，像英美大學的贈送學位一樣，承認他是這個學校的學生。共產黨認為這是最光榮的，稱為「紅色博士」。像胡漢民先生、于右任先生，和馮玉祥、鹿鍾麟、宋慶齡、邵力子（邵還正式上過課）等，都是有名無實的孫大學生。現在看來，真是未免太滑稽。一九二五—二六年所去的留俄學生，大多數是與國民黨有密切關係的。國民黨清黨以後，這批學生被蘇俄特務警察捕去充軍、坐牢、罰苦工和屠宰的，已有不少。幸能全生而還回黨報到者，人數並不很多。今日來到臺灣者，屈指計之總共不過六十人左右。他們在反共抗俄的鬥爭中，無疑的，都是最積極的戰士，都是思想與行動上的中堅和領導者。

# 中國選送留俄學生

孫大是一九二五年，國父逝世後半年成立的。那年的秋天在廣州公開招考學生。手續非常簡單，只要到中國國民黨中央黨部（廣東省議會舊址）填一張報名單，手續就算完畢，無須繳驗文憑或任何證件。對於投考者之年齡學歷概無限制。因此所選取的人物，形形色色，不一而足。年齡上小的自十四五歲，大的到四五十歲；學力上自粗通文字到大學畢業，或曾留學外國的都應有盡有，極盡「三代同堂」、「大小（學）同科」之奇觀！中央非常重視其事，填表以後，由中央常會推定幾位高級人員（譚延闓先生也是其中之一），先經審查，然後公布，定期考試。考場在廣東大學（中山大學的前身）。這場筆試，每人作一篇論文，試題是：「什麼叫做國民革命？」此外並無其他學科或外國語文，可謂簡單之至！筆試以後，二度榜示，經過一個相當時間，再行口試，仍是指定幾位高級同志擔任主考（中委甘乃光是一位），口試側重於測驗考生對於時事政治之認識，如當時正值蘇浙齊（燮元）盧（永祥）之戰，主考者就問你對此應取何種態度？三次考試，無異是過三關，看來容易，其實也不簡單。一審二考三測，一千多人報考，卻淘汰十之八九，錄所的比率自不算高的。

一般人總以為俄國人既然肯花這麼多錢來創辦這所學校——孫大，自然是以儘量招收共黨份子及無產階級為前提。實則恰恰相反。事後檢查，由廣東考取去的這批人，共產黨徒是絕少，而無產階級則絕無。這是什麼道理？說穿了很簡單。俄國人設立這所學校目的是要吸收中國青年，迨入其彀，即可搖身一變，加入共黨，固然可以增加他們竊奪政權的資本；不然，就是同情他，以國民黨左派自居，做他的傀儡應聲蟲，也就有莫大的代價了。（後來這批人，雖受盡共方威迫利誘，依然堅守立場，不為所動者仍居多數，實出共方意料之外）至於原屬共產份子，他們隨時都有被保送的機會，又何必費力去占這些名額呢？所以共黨相反的是不願意他們的黨徒參加留俄考試的，縱有極少數偷偷應考的，既然考取了，也就沒有強迫他退出。至於所謂「無產階級」或勞苦大眾，雖然沒有明顯規定不准投考，但無形中對他們有了天然限制。第一這種人一天不做工就沒有飯吃。既無隔宿之糧，那能餓著肚子去留學。再則依照規定，一經考取，仍須自備路費一百五十元（中央規定旅費為二百五十元，公家津貼一百元，餘由自備），都非所謂無產階級所能負擔的。因此考取的多半是在校學生，既非赤貧亦非富有，絕大多數正是共黨所指稱的「小資產階級」。其中有一名是廣州市的警察。而廣東五華一縣入選者竟有七人之多，這七個人當中有一位自動退出，故實際成行的只有六人。

留俄學生放榜以後，跟著就準備放洋了。在去國之前，國民黨中央曾經舉行過歡送會及談話會，地點在廣州的中央黨部，汪精衛和鮑羅廷都來參加。有一次談話會中，汪精衛提議推定幾個人負責向中央聯絡；可是各路英雄彼此素不相識，無從指名推舉。結果由汪精衛指定林柏生陳春圃為領隊。後來這兩個傢伙，就利用機會爭先出發，並各自誘騙占據了比較漂亮的女同學，林柏生取得同學所稱的「別樂瓦雅」（第一）徐瑩；陳春圃則取得「敷特洛雅」（第二）李蕙芳。林陳都是廣東人，一向依附汪逆。抗日勝利後，亦都以漢奸罪被處死。這是後話。留俄學生的出發，是分批的。第一二批人數不多，放榜後不久就成行。餘下來尚有百餘人，則在廣州等待消息。誰知日延一日，杳杳無期，大家都望洋興歎，不禁心灰意冷起來。當局知道這種情形，覺得任令這些人散漫流離，不是辦法，於是便在東山租定樓房二幢，作為留俄學生的宿舍，食住問題，均由公家負責，並聘請幾位俄國女子，替我們教習俄文。

國人對於俄文，素來是隔膜的。除了東北哈爾濱及新疆伊犁一帶居民，因地區關係和俄國人接觸機會較多，懂得俄語略較普遍而外，既往只有北平俄文學校及交通大學算有學習俄文的機會（其他學校縱有俄文科系，亦屬冷門）。國內尤其是南方各省，通曉俄文者則寥寥無幾！

我們這批人，對俄文既素昧平生，遠適異國，語言不通，其困難自可想見。第一批先行出國的同學，因此曾吃了不少苦頭，就是一個教訓。因之留滯廣州的同學，才有學習俄文之舉。由鮑羅廷指定幾位俄國女子為教師，地點借用東山廣東醫科學院，分為兩班上課。前後請過三位女教員：一為雅可烏列瓦，一為迪魯尼，最後一位是羅嘉覺瓦。年紀都在三十左右，都是當時在廣東服務之俄籍軍眷。她們一句中國話不懂，我們又一個俄國字不識，因而雙方都感莫大困難。只見她們在講堂上指手劃腳，口操俄語說：「這是桌子」，「這是椅子」，「這是黑板」，「這是牆壁」，……我們就照著她手所指處的發聲，用英文或漢文注音出來。久而久之，約略知道這叫什麼，那叫什麼。且只會說，還不會寫。這樣大概學了四五個月。同時，同學也存著一種心理，以為俄國去得成去不成，還不曉得。要學俄文到了俄國自然是會的。因此，多半意興索然，懶於用功，所以成績並不理想。只有幾個對於外國文較具根基經驗和興趣的人，還能免強對付過去。

# 由廣州到莫斯科

一九二五—二六年，中國到蘇俄去的學生，大約有三條路可走：一路是到海參崴；一路是經由哈爾濱，因被張作霖所控制，不易通過；一路則繞道歐洲。由廣州去的，前後分作三批，都是走海參崴。第一批大約是在一九二五年底出發的。記得到了莫斯科不久，就是中國的舊曆年節，當時同學們，私下還有些慶賀的表示！

我國革命以後，對其他國家，本有一種敵視或歧視的態度。因之對於外國人的入境，限制極嚴。對於護照的簽證，當時即成了世界上最稀罕最難獲得的東西；但是對廣州學生的入境，因是蘇聯的政策和鮑羅廷的幫助，運用特別的外交關係，故絲毫沒有發生問題。同時船票、車票、伙食、旅館費等，都是由蘇俄政府來招待的。我們糊裡糊塗，首先還不知道。中國「聯俄容共」，雖沒有得到好效果，我們當時卻確得了這些小小的實惠！

我們出國首途之前，中央黨部曾舉行一次盛大的歡送會。繼之很多機關、團體、學校、以及各人的親友，都有一種歡送的表示，情況之熱烈，實破中國留學史上的先例。可是熱熱鬧鬧的出去，冷冷冰冰的回來，人情劇變，沒有任何理由可以解釋得通，只好歸之於世態炎涼。這是後話，也不必說。當第一批二十二位同學，帶著異常興奮的心情，踏上俄國的一艘貨輪，占著大艙間和特等的艙位，自有說不出的愉快，只是這貨輪的噸位不大，不過三四千噸。這對於初出茅廬，尚未經過海上生活的青年，實在有一種太不習慣或痛苦的感覺。在兩星期的波濤駭浪中，走盡了中國海岸線。除二三同學始終強悍照樣吃、喝、談、笑之外，大都是輾轉吟呻於床褥，望洋興歎！有的人連苦水都吐了出來，有的竟是十多天不吃東西。最意外的，這批僅有的方、丁兩位女同學，反比男孩子要強一點。她們僅僅臥倒一天，就能起來，照常活動，且成了同學們共同的義務看護小姐。習慣成自然，三四天以後，半數以上的同學，恢復了正常；暈船最厲害的人，也能喝點流汁的東西如牛奶、果子露。廣東的水果，本來價廉物美；但多數同學是把它忽略了，幸而少數同學，卻有大量的儲備。到此時，經驗告訴我們：水果才真是海上生活最佳的食物。我們步出國門，最初所意識到「共產主義」的事實，也就是把這些水果都「共」光了。船上的伙食，每天都是五頓（兩次茶點），大雞大肉，非常豐盛。據說船上伙食的好壞，完全是看走水的好壞來作標準的，走得好，便吃得好。這次船上的伙食，如果不是為中國人而特備的，必定是這次走水撈了一筆。不然的話，屬於無產階級的船，豈能有此？豈應有此？曾引起了我們不少的懷疑。肉香撲鼻，食指大動；但許多同學，都只能望而不能即。前一兩天，僅有二三個同學上桌。俄國毛子（東三省對俄人的慣稱）總是眯眯地笑。不知道他們是對中國人弱不禁風而輕鄙；抑是因他們一人能占二三份美饌而高興？彼此言語不通，默默相對，終未明其究竟。三四天以後，情形就變了，上桌的人既多了，坐船肚易餓，吃的也多了。有的同學，便開始向毛子學俄語，什麼樂市卡（匙子），詠洛卡（叉），黑列巴（麵包），沙哈拉（糖），唧唧呀呀，叫過不停。自然什麼「得瓦里市」（同志），「字得拉是姐」（安好）這類字語，在上船的時候，就已裝進到腦子裡來了。語言文字，是起源於人類生活的方便，即信而有徵。船到海參崴的前夕，我們還舉行過一次不倫不類的晚會，表示中俄聯歡。同學都把所帶來尚未吃完的糖果食品，湊集起來，樣子還很不錯。兩方面都表演了一些歌唱節目，互相象徵式的說了一些祝賀和希望的話，「你不懂我的，我不懂你的」，各自歡笑一場，便算是一個「聯歡晚會」。說實在一點，這與其說是中俄聯歡，無寧說是我們自己過夠了暈眩生活，為快到海參崴而高興所作的舉動較為切實。

海參崴，本為我國固有之地。後來因為滿清咸豐皇帝的不爭氣，才把它割讓給俄國的。我們仍稱海參崴，俄人則稱烏拉吉瓦斯托克，日本另外一個稱呼，叫做浦塩斯德。這是西伯利亞東南的海港，也是俄國東方重要的軍港，有堅固的要塞。西伯利亞鐵路的終點於此，留易頗盛，惟屆冬封凍，船艦不能活動。沙皇和蘇維埃政府，傳統的企圖在東方找一不凍港，積極垂涎我旅順和大連，目的之一，亦在克服海參崴港的缺點。我們的座船，到了海參崴港外，港內已經封凍。經過破冰船的開路，從港口到碼頭，整整費了半天的時間，才算靠了岸。到岸不久，即有兩個俄國人上船來接我們，把我們安置在凡爾賽旅館。這旅館還相當富麗，且有中國侍應生，異地逢鄉人，自然要親切得多。詢悉之下，才知道這是招待外賓的唯一旅館，我們又搬了家。海參崴因淪割未久，華人約占全人口的三分之一，華人商店，仍遍地皆是。我們在這半華半俄化的都市，倒不感覺十分異樣。惟是自然環境的劇變，冰天雪地，朔風酷寒，在中國南方生長出來的人，最初總是不太舒服。大家在旅館休息，洗了一次澡之後，第一個想解決的問題，是去吃「中國飯」。大的中國飯館的陳設、用具、菜單，都和國內飯館一模一樣。一致公認最好的一色菜，就是「蟹腿」，既肥且嫩，於是煎、炒、蒸、燒並具。大喝大嚼之餘，不小心的同學，忘了在船上久未進食，不知有所節制，好幾個人翌日便鬧起肚子來。到了莫斯科很久，還傳為一種笑柄。

海參崴停了四天半，轉上了西伯利亞火車。我們二十二個人，占了半截車廂，各人有一個床位。雖然是雙層的又不是軟席，這半截廂子，總是我們的天下，倒很自由自在。我們的生活方式自是也就變了，分作為四組，每組為一生活集團。僅有的兩位女同學，各組都想設法爭取，弄得她倆難以為情，無法決定取捨，結果還是抽籤來解決的。車子每到一站，輪流到站上去排隊取開水，買麵包和其他食物。衣裳襤褸的俄國婦人，叫賣的鹽水雞子和雞蛋特別多，而且比較便宜，自然就成了我們每餐必備的東西。西伯利亞的火車，都是燒的木柴，行駛很慢。每站都停得很久，大站常常是一二小時。每逢大站，總是我們打牙祭的機會，到站上的飯廳裡大吃一頓。肚子裝飽了，少不了來點餘興，唱歌、講故事、唱京戲、玩魔術，頗為有聲有色。有的下棋、猜拳，有的做詩、打燈虎、看小說，空氣顯得十分和諧。一個星期的時間，不知不覺就打發過去了。沿途景色，除了在白銀世界轉來轉去外，廬山面目之難識，正如今人對蘇俄情形之認識，被蒙蔽在巧飾宣傳之下一樣，但白銀世界之有留戀的價值，卻沒有絲毫偽裝。玉潔冰清，纖塵不染，身歷其境，心情朗闊，使人真有「度白雪以方潔，干青雲而直上」之感！講共產主義，自然不許有民族的感情；但我們過貝加爾湖時，一種民族的感情，卻油然而生。貝加爾湖（淡水湖）位於伊爾庫次克之東，其周繞以貝加爾山。據云湖水清澈、富魚產，船舶往來，皆稱方便。我們雖沒欣賞到蕩漾的波濤，上下的舟楫，卻飽看了無垠的冰封，平坦的白海。故此湖亦名白海。歷史所傳：西伯利亞本為鮮卑地區，中國西漢時，匈奴使蘇武牧羊於北海濱，即屬此處。蘇武在此牧羊，過了十九年雪地冰天，飲血吞氈的生活，心如鐵石，不辱漢節。如此民族英雄，身過其境的遊子，能不肅然起敬！於是我們齊聲合唱一次「蘇武牧羊」歌，藉表追懷和景仰之意。

過貝加爾湖，便到了西伯利亞唯一的重鎮——伊爾庫次克。車長告訴我們，西伯利亞鐵路的全程，將走了一半。應該換車，停留五六小時，到晚上十一點換車，再行西駛。於是我們都把行李搬下車，集中到月臺上。堂乎皇哉，至是我們才覺到我們行李之多，堆在一塊，像一座小山。分組輪流看管，其餘的人，儘可自由活動，吃飯的吃飯，遊街的遊街，自不必說。可是後來有兩件事情發生了，都慶尚未造成不幸！一是我們行李的堆放，大約是超出了站臺的緣邊，一輛火車頭經過時，把一部分行李衝得四散。檢點清查，已失掉兩件。夜色黑暗，兩個同學用手電筒沿著路線尋找，亦不可得。時有幾個外表熱心，心裡卻不知懷的什麼鬼胎的華僑，硬「強迫」著這兩個同學繼續前進，這二位同學，由懷疑而畏懼掉轉頭來，便向車站狂奔。次一事件，也在同一晚上，同學康君，為找廁所，也被兩個華僑引到了很遠僻靜的小巷。他正疑懼難為進退之際，幸遇著一個俄人經過，康乃拉住他，畫地作勢。俄人領悟，偕康背道而行。兩個華僑猶說：「不好」、「毛子都是壞人」、「不要理他」。康愈恐，急奔返站。經俄人指點，廁所即在車站的左側。一場虛驚，吃虧固在不懂俄語，亦由於經驗太少，乃不知公共場所，必不乏此衛生設備也。這兩件事故，雖幸都未發生問題，卻也成了這次旅程中的趣話。說也奇怪，我們沿途的一切情形，不論好的或壞的很快的都傳到了廣州。後來鮑羅廷指示留在廣州尚未出發的同學，必須學好俄文和限制行李等等規定，或即因此而作的補救方法。故第二三批同學之來到莫斯科，時間已在我們這批同學半年之後。

當晚換上西進的火車，平淡的生活，正和所經過的地理環境一樣。過烏拉山，自然環境的變異，也使吾人的觀感為之頓改。烏拉山，為區劃歐洲俄羅斯與西伯利亞的山脈，使俄羅斯成為一個歐亞兩洲的國家。在過去的歷史上，俄國受到歐亞的影響，宛如海潮一樣，不斷的起伏進退。正如托洛斯基所說：「東風可以自由吹入，西風可以隨意襲來。」但終沒有使俄羅斯成為西方或東方式的國家。其故安在？綿亘在無垠曠原的烏拉山，不異一座天然的萬里長城，不能阻止外來的侵略，擋住蒙古的鐵騎。故又何在？當它受著蒙古統治時，民族的原始活力，逐漸消沉，又漸復活起來；格格不相投的馬克思主義，一到俄國，便落土生根，又怎麼來說明俄羅斯的革命？要瞭解這些，似乎也是我們來到莫斯科最重要的任務之一。雖然共產國際和俄共領袖們的願望，是要我們迎接俄式共產主義到中國來栽培，事實卻沒有恰如他們的理想。幾天後我們到了莫斯科的孫逸仙大學。努力！努力！只是向著我們自己所既定的目標走！

# 同地異時的旅況

由粵去俄的同學，第一二兩批啟程時間相隔不久。只有人數最多的第三批，則遲至次年的八月間纔首途。在一二兩批出發後不久，廣州曾風傳先行的同學，有在西伯利亞途中被嚴寒天氣凍殭致死的消息，有些人尤其是生長南方的同學，包括關心他們的家屬和親友，都一似吳牛喘月，大為此種氣候擔憂！這些南方人，平素聽慣了北地冬天常常呵氣成冰，人們的耳朵往往被風吹掉一類的傳說，早已怵目驚心，談虎色變！因此第三批揀在熱天出發，不啻是應天順人之舉，無不沾沾自喜，私相慶幸！因之，旅途雖同，景色事物，也就有不同的狀況。

由廣州啟碇，船行三晝夜，始達上海，這是頭一站。在到達上海的前夜，我們尚不知第二步怎樣走法？何時繼續前行？大家只知道到了上海，還須轉船，而何時轉船？轉的什麼船？都不曉得。因此漏夜在船上開了一個全體會議，約定俟派人接頭，行期確定之後，即用「楊奇」的化名，在上海《民國日報》，登載辭行啟事。俾大家見報，就在某地集合。翌日各自上岸，找尋宿處。在上海呆了一個多星期，才轉船繼續向海參崴進發。

由上海到海參崴，航行了三晝夜。船票免費，伙食自理，一切和自粵至滬時情形一樣。所不同的是炎涼天氣，大相懸殊，三天前在上海，正是秋老虎當令，溽暑迫人，人們終日揮汗如雨，桌椅床席都炙手可熱（編按：炙手可熱比喻地位尊貴，權勢大。此處疑為作者誤用）。一進入蘇俄第一道門戶——海參崴氣候就完全兩樣。涼風蕭瑟，大有秋意，兩地氣溫之差別，彷彿如冬令之與夏季，一冷一熱，恰成尖銳對照。不獨天氣如此，即風土人情乃至國情，也都可作如是觀。

海參崴，市面並不怎樣繁榮，道路坎坷不平，環境尤欠整潔，比起上海租界，相差太遠。至於交通工具，端賴電車馬車，而汽車非常之少。當地華僑大多數是山東籍，洗衣舖及餐館，幾乎全部操在他們手裡。還有一兩家戲院，經常有京戲可聽，因此我們在半古老商埠中尚無置身異國的特別感覺。此地的出產以海味皮貨為多，海參蝦蟹，到處充斥，尤以生炒干貝鮮美無倫，這在國內是吃不到的。我們住的是中國街一所老旅館，食宿全部免費。接待我們的人名叫韋登麥，能操流利的俄語、德語，他大概是德國猶太人。當我們到達後數日，當地有一團體，舉行一個紀念會，當事人透過韋登麥表示歡迎我們參加。他們原是表示客氣，或許只希望我們推派幾位代表前往參加就夠了。誰知同學們聽到此項消息，由於好奇，堅持全體出動。當我們進入會場時，全場鼓掌表示歡迎，情緒甚為熱烈。可惜會場太小，加上我們這批大隊人馬，把會場擠得幾乎透不過氣來。重以彼此語言不通，感情無從表達，真個是千萬般情愫，盡在不言中。由於大批中國青年突然在街頭出現，一個個衣冠楚楚，談笑風生，頗為當地人士所注意，因而有種種的揣測。而引導我們的俄國當事人，據聞亦受了新聞界的譏評。

在海參崴耽擱幾天之後，全體登上西伯利亞火車，不分晝夜的向莫斯科進發。亦如我們行程一樣，漸趨寒冷，但尚無冰凍現象。至於飲食，除了大站有食堂設備，可資從容坐食而外，平常都是到站時，向小販買些東西充饑。其時俄國已實行所謂新經濟政策有年，可以容許小本經營，農村亦漸漸有些生氣。在車站叫賣的，仍以婦孺為多，年富力強的壯漢則非常之少。所賣的不外是雞肉、雞蛋和油炸肉餃之類。雞蛋和肉餃，都一角錢一個，還不算貴。只有香煙、洋火之類，品質既劣，而且貴得驚人！據說俄國在行軍事共產時期，物資非常缺乏，一盒火柴，可以換一個年輕女子。此刻雖已實行新經濟政策，而這類東西，仍然非常稀罕。在中國勞苦大眾所抽的「哈德門」香煙，到了俄國便被視為珍品。因此他（她）們常常向中國人討香煙抽。我們坐的火車，是繞道阿穆爾省，經過海蘭泡，再折向西行的。最初的兩天，繞行於山嶽地帶，可能是因為地勢關係，此段鐵道極盡紆迴曲折之能事。有位俄國人說：這是當時工程師為了想多賺錢，故意做成彎彎曲曲。直到過了赤塔之後，纔逐漸拉直。其中有一段又直得到了極點。相傳俄人興築此路時，曾徵集許多專家的意見。這些專家們，原來根據工程觀點，各有各的主張，有些主向北彎，有些主向南彎，各執己見，相持不下，於是只有請示沙皇作最後決定。這位沙皇，是素性急燥的草包，看見這段待築的路軌，彎曲太多，工程浩大，所費不貲，「龍顏」很是不快！於是就挪一把界尺，自兩端劃一直線，叫他們就照這樣做。所以最後這段路，築得非常的直。這是俄國人所津津樂道的一段故事，是真是假，不必去管它；但這段鐵道，一曲一直，到是事實。此外一件少見多怪的事：即俄國東西兩地時計，相差有好幾個鐘頭。所以每個車站的時鐘，都有兩根短針，一是紅色的，代表莫斯科時刻；一是黑色的，代表當地時刻。這也是只有在這條長線路上才能見到的事。更有一事也值得一提。我們看見兩個小孩，小的約八、九歲，大的約十一、二歲，鳩形鵠面，鶉衣百結。每到一站，必向地上拾撿或向車廂內旅客討取食物。他們要到莫斯科去，因為無錢買車票，只好偷偷地鑽在車廂底下車輪上面的夾縫中。據俄國人云，如此不花錢搭車的人，是常有的，路上的人，亦明知固昧。天呀！偶一不慎，豈不輾成肉醬嗎？這在中國所罕見，蘇俄竟是慣事。其視人類如草芥，於此亦可得到證明。

火車自海參崴出發，因為路線彎曲，地勢高低不平，以故車行甚緩，第三天纔到赤塔。

這是西伯利亞的東部重鎮，為原日遠東政府首府。縱貫東三省的中東鐵路，即在此接軌。這恍忽一把利劍，當胸插入我國東北的心臟，而刀柄就在這赤塔！我們正在赤塔站上欣賞風光，忽然一個武裝兵，緊追著一位湖南籍同學，直迫車廂。其勢兇兇，恍忽是抓強盜似的。我們查問情由，纔知道這位同學曾以自備照像機在車站攝取風景。這是他們的法律所不容許的。經過再三解釋，卒將膠捲沒收了事。但這位同學卻已嚇得面無人色了。赤塔西行第三天的早上，遠遠望見貝加爾湖。綠波蕩漾，水天一色。晌午始近湖濱，接連穿過幾十個山洞，山洞都是在湖濱岩石之下開鑿而成的。隧道雖多，但都很短，車行其中，一如遊龍穿洞、宛延曲折，景緻絕佳。吾人身在車中，乍明乍暗，亦增情趣。湖的南端，火車靠站，大家一擁而下，爭相欣賞這世界第一深水的內陸大湖。一片汪洋，如臨大海，唯一可資憑弔的，就是兀立湖濱的一座小神龕，用火磚砌成，不過數尺見方，龕內空無一物。據說這就是當年蘇武牧羊北海時棲身的所在。除此可供留戀之外，其他實無可觀。

伊爾庫次克以西，東方色彩亦逐漸淡薄而趨於消失。這城是西伯利亞的首府，為既往總督駐節地。其規模之大，工業之盛，在當時的西伯利亞區，實首屈一指。這從車站建築之宏偉及工廠煙囪之林立情況下，亦可窺知一二。但時勢推移，不久之後，這種優勢，又為其他新興城市所取代了。俄境內有幾座大橋，其中以伏爾加（舊稱窩瓦河）大橋為最長。橋的兩端及中間橋墩上，都站有士兵，五步一崗，十步一哨，戒備甚為嚴密。火車過橋，必將窗門關閉，不准窺視，僅可從時間上推知其長度而已。漫長的旅程，終於一天的下午，到達終點——莫斯科。若自廣州出發之日算起，沿途連行帶住，大約是一個月光景。

# 列寧墓和列寧禮讚

列寧墓，占地只三、四十坪的大小，建築也只像一棟極普通的平房，但確是一個相當富有神祕性和誘惑力的地方。這裡好像不是安息著和我們一樣具有凡胎凡骨的人，而是供奉著一個至高無上的神。凡是到莫斯科去的，不論俄國人或外國人，幾乎沒有不去瞻仰一番的。我們到莫斯科的第二天，就由學校當局引往參觀，朱同學幽默的說，這叫做「入國拜門」。沒有獻花各式的儀節，僅聽了導遊人一套背熟了的宣傳說詞而已。

無疑的，列寧是俄國革命的導師。像孫中山先生在中國革命中的地位一樣。雖然他領導革命的手段和目標，與孫先生相左；所產生的後果，未協乎民主、自由、平等、幸福的要求；但他個人的人格，毅力和一生艱苦奮鬥的精神，卻有值得讚揚和效法的地方。他為俄國革命奮鬥了數十年，於一九二二年小中風之後，即放鬆了他的統治權力。他的黨內個人鬥爭和政見鬥爭，已開始糾纏在一起。他之死，不管是否如外間傳說：是被史達林勾結醫生所謀殺的，但他確是於一九二四年一月二十一日與世長辭了。他死了以後，不僅俄國共產黨失了中心領導，一般民眾當時亦如喪考妣一樣。為紀念他們這一代偉人，一月二十一日，即被稱為「列寧祭」。

列寧的屍體，經過化學藥品洗製之後，完全保持生人形像（據云可以保持一千年）。光著頭，穿上淺黃色的列寧裝（與中山裝大同小異），佩著最高的紅心勳章，躺在由外國送來的玻璃棺中，安葬在克里姆林宮之廣場。廣場原為舊俄沙皇加冕，檢閱軍隊與刑絞囚徒通用之處。革命後，命名為「紅場」，則成為紀念節日大集會之所（編按：「紅」字於俄文中，為「美麗的」之意，據信「紅場」於十七世紀時即已得名）。克里姆林宮，原係舊俄時代之皇宮，牆高數仞，其形式大小，亦若我國北京之紫禁城。革命後，共產國際和蘇俄黨政最高機關皆在焉，成為統治蘇俄和策動「世界革命」的大本營。列寧卜葬於紅牆之下，蓋亦有深意存乎其中。

紅場地廣數千坪，列寧墓位於宮牆下之中央。墓之左右，皆其所謂革命先烈之墳，土堆壘壘，碑表林立，亦若普通公墓。宮牆正面，橫過廣場，則層樓高聳，有機關、有商店。場之左右，陪襯著幾所教堂，形形色色，相當壯覽。蘇俄革命後，拆毀教堂頗多，惟此處教堂無恙，豈欲用之以點綴風景耶？抑仍欲利用之以麻醉其民耶？事頗費解。列寧墓僅如一長方形的木屋，以較我南京中山陵之莊嚴雄偉，真不啻有泰山與丘陵之別。屋頂建平臺，有小梯可達；但非遊人可許涉足之地。外鬆棕色，圍以鐵欄，雖云樸素，卻不醒目。內分三室，中為列寧寢堂，左右各一室，裝備簡單，似為顯要光臨休憩之用。墓前左右各一門，瞻仰列寧遺容的民眾，日常數百至數千，列陣長蛇，魚貫出入。門設警衛，檢視遊客，衣冠不整與攜帶雜物者，皆不許入。遊者循左門入，夏則冷氣撲面而來，冬則暖如春溫。擦鞋、脫帽，經左室，至寢堂，則見列寧面目如生，平躺於玻璃匣中，眾繞棺一周，皆摒聲息氣。棺之上下兩端，有紅軍持槍佩刀肅立。凡歷其境者，亦無不有神聖不可侵犯之感！徐步前進，絕不容許分秒停留，經繞右室而出。如果說俄國人是守紀律講秩序的話，亦惟此可以見之。

這座列寧墓，除供給民眾作為宗教崇仰的偶像或風景的賞鑑以外，另一個最大的作用，即大規模的紀念集會，如五一勞動節，十月革命紀念節，都把它當作儀式臺或司令臺。給予蘇俄領袖們一個機會，大出其風頭。當時史達林和他的政治局的扈從，都一定要爬到列寧墓的頂上，檢閱紅場上聚集或巡行的大隊紅軍、工人、農人、學生群眾。他們對於這些蚩蚩之氓和飄揚滿場的國旗、標幟，或不感到興趣。惟看看紅場四周所掛著自己的巨幅畫像，必然會覺得躊躇志滿，有不可一世之感，驕傲著臺下那些千千萬萬被他們所利用所統治的群眾。有些俄國人，暗地裡回憶著前事，互相耳語的說：「列寧常在公眾場合出現，向工人致敬！而現在的工人，卻反過來要向統治者致敬了。」列寧在逝世前不久，曾對工人發出嚴重的警告：「我們這個工人政府，現在已發現有官僚主義的傾向，所以無產階級應該澈底組織起來，來防止這個傾向，以保護自己，並防止政府對工人的侵犯。」可是列寧死後，史達林輩，並沒有理會這些。工會的控制權，靜悄悄的從工人手裡落到獨裁統治者的手上。原來工人是要控制國家的，現在卻由國家的統治者，在日常生活中每一方面都控制了工人。這些統治者，站在列寧墓的頂上，還對工人廣播說：「工人是蘇維埃國家的主人。」大吹大擂「蘇聯勞工獲得滿足的生活進步和社會福利」。這一切實際的情形，雖能騙過死去的列寧，卻瞞不過工人的眼睛和肚皮。正躺在他們腳底下的列寧如猶有知的話，也必有死不瞑目和無言的反抗。

「列寧禮讚」，是列寧死後，俄國共產黨對他所作的各種紀念方式。這些方式，共產黨說是為紀念列寧所提倡的列寧主義的教育方式，實際則相當於一種宗教儀式。即凡工廠、農場、學校、機關、團體等，都有一種「列寧室」、「紅室」或「俱樂部」的設立，供陳著列寧的著作，遺像，和統治者史達林諸人的巨像，滿貼著口號標語，陳列一些黨八股書刊。任人流覽憩息其間，使收潛移默化於馬列思想之效。流動性的則有「列寧火車」、「列寧汽車」，宣傳列寧的勛績、革命理論和蘇俄狀況。此外每一城鎮，無不有列寧工廠、列寧農場、列寧學校、列寧街、列寧橋、列寧圖書館。凡百事物皆有，其名則離不開「列寧」。後來，史達林竊占了克里姆林宮的最高地位，自我神聖化，亦令其爪牙依樣葫蘆而為之，列寧則漸因之而減色。

蘇俄革命初期，很信賴馬克思的理論：「宗教是人民的鴉片」，是絕不容許宗教思想和儀式存在的。列寧亦認「宗教思想是反動的，是保衛剝削與麻醉工人階級的力量。宗教在生活上，能產生精神對物質占優勢的觀念，以為物質之後，有精神在操縱指揮。這就成為唯物史觀建立的障礙」。事實上，蘇俄共產黨當在可怖的困窘，無法消弭人民的憤怒與激行時，為要和緩他們的精神，也常會減弱對宗教的反對，甚至加以鼓勵。最積極的，還是建立一種新的宗教思想和儀式，以麻醉其人民，這就是所謂「列寧禮讚」。列寧死後，列寧的同僚或門徒，競奪寶座。各人都捧出列寧這張王牌來打擊對方，無形中列寧這偶像，便成了全黨全國人民的信仰中心，列寧遺言，便成了黨內黨外的聖經寶典。所不同的，沒有沿用舊的宗教儀式，而代以新的儀式：「列寧祭」、「列寧墓」、「列寧禮讚」。從此言必稱「列寧」，行必曰「依里奇」。用列寧精神來操縱指揮人民的生活思想，用列寧精神來保衛他們對人民的剝削與麻醉。故列寧所反對的東西，正是史達林輩所要保存和利用的東西。列寧死而有知，必深悔當初之孟浪，痛恨這班徒子徒孫把他當傀儡來玩弄。

# 習慣的生活方式變了

一般所說的生活狀況，大體是就物質條件來說的。在中國「聯俄容共」的時期，俄國人為要討得中國人的好感，施展他們的陰謀；同時，俄國人為要巧飾太平，虛張革命後的快樂幸福，以欺騙世人；在這兩種情況之下，中國留俄學生的生活，無疑的，是享受了相當好的待遇。讀書既不要花一文錢，連食、衣、住、行、育、樂一切問題，大都有了解決。而且每月還有二十盧布（一盧布約合中國大頭一元），作為零用。兼任翻譯或繕寫的同學，更多一點，每人四十到一百盧布不等。如此的優待條件，恐怕也是中國留學史上，少有前例的事。

當我們第一次踏進孫逸仙大學的大門時，馬上被一群中國男女學生所包圍。他們聽說我們是從中國革命基地的廣州而來，更顯得異常興奮！向我們詢長問短，我們幾有應接不暇之勢。後來也才知道他們是從上海、平津去的同學，都是先我們一月或兩月而到的。學校當時即有事務長博古列也夫（後升教務長），親自替我們安排一切。每人分給一張學生證，各有一個俄文名字和學號，我們的資格，就此確定了，且到了共產國際東方部的檔案裡。我們用慣了俄文名字，固有的中國名字，反而都把它忽略了。因此，回國以後，道名不見人，常常就有不認識此人的感覺。這或許也是英美留學生中，所沒有的現象。博古列也夫隨又發給每人飯票、理髮票、電車票各一本，全套寢具、內衣服、洗面用具，凡日用所需的東西，小如梳子、鞋油等，無不盡備。接著洗澡、理髮、檢查身體，不到半日時光，一切都井井有條的安頓好了，使我們的確起了一種奇異之感！不敢誇揚，亦不必固沒人之美。他們這種作法，自然不能說明就是蘇俄的富裕和幸福；相反的，火燒烏龜肚裡痛，或只有他們自己知道。但他們此時，還有點革命初期的幹勁，設計周全，辦事認真，確是不可否認的。不然，從籌備到開學，不過三數月，也不會有如是之完備。我們在國內所習慣的生活方式，從當天起，也就全變了。

次日，校長拉狄克在辦公室接待我們這批新去的學生，說明本校一切情形和教育方針之後，還囑咐剛離開祖國的我們，更要注意健康的保護！本校全是採用小教授班制，我們二十二個人，恰好編作一個教授班。教室寬大，每人一張大桌子，上課、自修、開會、休息都在此。另外茶室、吸煙室、列寧室、俱樂部等，自然也都有。教授講課，都要通過翻譯，先幾天還不覺得怎樣，日子久了，每覺曠時廢事。因之，人人對於俄文的學習，比任何功課都要熱心。俄文教師，多為俄國女性。我們的教師麗雅小姐，年輕美麗，她的丈夫曾做過駐中國漢口的領事，他在中國住過兩年，略會一點中國話，這或許就是她能來擔任俄文教師的條件。她的態度和教授法，頗有勝人之處，她對我們的稱呼，不叫「同志」而叫「小弟弟」，這確有點異乎俄國人一般的習慣。同學們對她的印象很好，俄文的進步也就特別快。資質好和英文有根底的人，半年一年之後，就能直接對俄文聽講。而學校亦按照俄文程度的深淺，半年或幾個月後，重行分編一次班，不獨便利於教學，且可減少翻譯的負擔，加強講義的譯出。此外能使同學們最感興趣的課程：一為拉狄克講「中國革命問題」；一為德國教授夏爾曼講「唯物史觀」；因為在當時看來，都能言之有物，陳理透澈。其餘的教授，則多照著書本或編好的講義念念，也就無甚可觀了。老教授瓦克思，教西方工人運動史，能讀《三民主義》，他很洋洋自得，誇示同僚。其實他讀《三民主義》，正像中國小孩認字一樣，簡直是一種笑話。一般教學方法，通常是由教授先講一二小時，再發講義，指定參考書，自己去研究。被指定的參考書，圖書館都有大量的準備，足夠借閱的分配。下次上課，即由教授主持討論。平時也沒有什麼考試或測驗，成績優劣的決定，完全即照討論時的心得見解作標準。這樣的教學法，實比較切實而效果大。今日臺灣有些訓練機關或學校，雖亦有行之者，但不見得澈底，或許是受了人力物力的限制。上課之外，我們所重視的，是出外參觀。但被引導去參觀的，都是蘇俄最好的東西，特別選出再加裝飾的工廠、學校、博物院，使人都能獲得愉快的印象。因之雪泥鴻爪，範圍頗廣。作者曾筆記下來的實際資料，蔚成三大巨冊，回國時，都被俄國特務所沒收。至今思之，彌覺可惜！

說到食的問題，剛到學校，每天都是五頓。後來同學都認為我們在中國向無此一習慣，而且有點浪費。因之，自動要求學校把下午和夜間的茶點取銷，一日三餐，蠻夠舒服。所謂羅宋大菜，很多人在上海白俄的飯館嘗試過，已很覺夠味。然此已經名實不符。真正道地的羅宋大菜，肉類多於蔬菜，味尤濃馥。但這並不是說明蘇俄的畜產特豐，或一般生活已改善，實因寒帶地方，蔬菜昂於肉類，冰凍生活，無肉食更不足以抵抗寒冷。麵包則黑白皆備，取之無禁。同學們最初非常斯文，或許是吃不慣，菜多剩餘，麵包亦僅嘗點白麵包的心心。過久了，不愛白麵包，反嗜黑麵包。黑麵包營養價值高，而且滋味長。非是過來人，實難明白此中妙諦。國際間的宣傳，曾譏俄人吃黑麵包。此黑麵包或不即是現在的黑麵包，我們卻未嘗過。同學們跨進飯廳時，眾目無不注射一個對象，那就是女工（侍應工）媽露夏，伶俐活潑，健美多姿，她也愛勾搭同學，同學稱她為飯廳之花，很多人都拜倒在她的石榴裙下。近水樓臺先得月，據說後來是被管理飯廳的王××同學，獨占了花魁。其餘還有三個女工，雖也不乏問津漁郎，卻不太引起同學們的興趣。每星期四的下午，是規定到公共浴堂洗澡的時間。憑學校的洗浴票入堂，池浴、盆浴、淋浴、土耳其浴，任君選擇。已經有了愛人的同學，更可到家庭浴室去，不過要自己另外花錢。是日也，不僅內服全部更換，所有枕頭和墊蓋白毯，亦煥然一新。正如史達林所說：「……然後上床睡覺，……天下最快意的事，莫過於此。」不過史達林是要在「消雪了不共戴天深仇大恨」之後，而我們這只是人生的一種享受。我們由國內所帶去的衣服用具，實際都已用不著。學校所發的西裝、大衣、皮鞋等，比我們自己的或許還要漂亮貴重，壞了還可以修理或更換。這種半貴族化的生活，似乎把無產階級平民化的色彩都沖淡了。首先因為同學不多，我們就住在學校的二樓。一九二七年以後，同學多了，寢室要改作教室。宿舍就分散到外面三四塊地方。布置雖說不上華貴，卻很清潔、整齊、方便、舒適。結了婚的同學，則另特闢一室，床床相連，僅隔布幕，一席塌塌米之地，就是他們的閨房。在共產主義的國家，既不重視男女關係；在當事的男女同學，物以類聚，混濁一團，亦自無有芥蒂；在有許多同學看來，則不免要說：「有傷風化。」這特別閨房的風流韻事，傳播出來的特別多亦特別快，好事的同學，更要加油添醬；可是日子長了，也不覺得香，更不以為臭。好像氣概都大了一些，從沒有掀起過醋海波濤。有的，還有愛的結晶出產，學校只是沒有托兒所或幼稚園的設置，生了就送到蘇俄國家的托兒所，成了俄國的公民。吃了他們的麵包，也算盡了一番義務。學校到宿舍，距離都相當的遠。莫斯科的交通工具，當時汽車猶少得很難看見；馬車不是學生和一般工人所能問津的；大眾化的交通工具，便只有電車。我們如果不是步行的話，也只與電車有緣。學校每週有三兩次晚會，電影、話劇、歌舞，輪流上場。同學自己也組織有歌唱、舞蹈、京戲、雜技等隊，多只作什麼大會後餘興演出。俱樂部也有許多頑意兒，對於同學的娛樂問題，也算都有好的解決。這樣一來，我們每月二十盧布的零用費，可以消耗的地方，多在「拍比洛斯」（香煙）和「雅布洛哥」（蘋果）上面。間或去吃一兩頓「中國飯」，因為路途太遠（幾有臺北到樹林這樣遠），電車坐久了又不舒服，終亦視為畏途。學校對於家庭貧寒的同學，亦有補助金的設置。但不知是小資產階級心理的關係，或是嫌它的手續太麻煩，很少同學前去申請。憑良心說，學校優待我們同學，總算面面俱到；可是在此時期中，他們所給予我們同學的精神刺激，也實在夠大夠深！縱有更優裕的物質引誘，也彌補不了精神上的創傷。故克里姆林宮專家們苦心的設計，終不免於徒勞。

最後要說的一個問題：即有很多人常常問到蘇俄男女關係的問題。這問題現在似乎亦不必答解了，今日中國大陸，就有一個榜樣在，大家已經聽到，知道或看到了。中國學生初到莫斯科，因為語言關係，不能和俄國男女交往。同學們所追逐的對象，也只限於中國人這個圈圈以內。兩百多個男生、六七十個女生，女孩子不論漂亮不漂亮，當時都是很香的。以後大家俄文學好了，便轉移戰線，向外發展，提出一個口號：「向俄國女孩進攻！」於是冷落了家裡，外面鬧得烘熱。在這種環境之下，大家審美的標準也變了，中國女孩與俄國女孩一對比，一般條件，中國女孩總要欠缺一點。自然也有例外；但並不多，又是物各有主。在中國「聯俄容共」時期，俄國女孩子都以交得中國男朋友為光榮，在此同聲相應，同氣相求情形之下，自然容易拍合。相反的，中國女孩則多不願交結外國朋友，害怕呢或還有封建意識，二者必有其一。中俄男女的羅曼史，以在「多麼阿得底哈」（避暑地），風光旖旎的時候，為最高潮。及至國內「清黨」運動發生，俄國女孩就多不敢和中國人接近了。結果進攻的多，真正成功的，則不過寥寥數人而已。結婚又能帶她回國的，更是百無一二焉。後話尚長，且聽另文分解。

# 雙料首都莫斯科

古老的莫斯科，是雙料的首都。既是蘇聯的首都，又是共產國際的首都——對世界各國共產黨發縱指使的司令臺。在蘇俄革命以前，它的名氣，不及已西化的聖彼得堡（列寧格勒）響亮。莫斯科原是俄國古老的城市，在一八一二年拿破崙進攻的時候，俄人為阻止法軍前進時，便一炬以絕法人之念。重建的莫斯科，仍是值得俄人驕傲的，但革命以後，莫斯科的赫赫聲名，便使聖彼得堡的光彩減色了。二十年代的中國留俄學生，幾乎全部集中於此，停留時間最長，也是對蘇俄各大都市瞭解最多的一個。

莫斯科不僅是政治文化的中心，全蘇俄富有學識的精銳幹部的訓練場所，而且是一個重要的經濟中心。它的中心地位的重要，地圖上由它出發向各方面放射的那些鐵路幹線，就很明顯地表現出來了。直到今天，它的矛盾、衝突、神祕，依然是人類另一個世界的中心，與華盛頓成為今日世界民主和獨裁兩大集團的總樞紐。

莫斯科的地理位置，從蘇俄地圖上來看，相當中心。莫斯科河與莫斯科運河，在此交合。運河則連接了伏爾加河。而莫斯科市，則以克里姆林宮為中心，建成許多同心圓環。從孫逸仙大學前面教堂（莫斯科最大最高的教堂）的樓頂上，一眼望去，幾可全部收入眼底。全市最高的建築，不過四五層樓，大都色調灰暗，沉悶而單調。陽光普照之下，除部分教堂頂端放射一些閃閃金光之外，別無可觀。比較能引人注意的，還是紅磚砌成的克里姆林宮和紅場。紅場包括旁邊的列寧墓和許多名人墳冢，聖巴塞爾大教堂，以及幾所拱衛的小教堂和商店，廣場約三四十畝。若干教堂的屋頂和紅場許多尖頂城門樓，湊合在一塊，很像一處公墓場地。市區的邊緣，長約七十公里。據云將開闢一條環城公路，當時僅有計劃，還沒有實行。距克里姆林宮約十公里之外，有一森林區，名曰列寧山，為市民僅有的最好的郊遊之處，夏季遊人較多，冬季則成了滑雪的地方。

莫斯科的街道，實在不敢恭維。全市街道都是鵝卵石修成的，當時僅國際街（第三國際機關所在處）是一條水泥路。用鵝卵石修路的原因：一為冰凍時不致損壞；二為鐵輪馬車太多，水泥路容易破壞。其實，這理由並不充分，財力和技術似仍為其主要問題。經過革命大破壞之後，政府只全心全力充實國防以保衛新政權，很少注意於民生建設，所以老百姓的生活，仍極艱苦，黑麵包仍為主要的食糧，衣著非常襤褸，很難看到穿畢挺西裝的紳士，黨政要人也不講究衣著。商店裡的貨色不太多，只有國家公司才有較多貨品出售，但價錢高得驚人。還有些國家商店，只收外幣，不要盧布，其顧主對象，大都是外國人，光顧的人，更是很少。中國學生如要將美金、英鎊、法郎換成盧布，都要經由學校代辦。否則，就要自己祕密的去找黑市市場（稱為瑞洛克），兌換率也比政府定價高得多。

莫斯科的房地等不動產，都是公有，房屋亦由政府掌握分配。當時房荒問題，極為嚴重。政府分配住宅的原則，表面上以工人階級為優先。實則內幕重重，黑市賄賂，都可捷足先得，而且繳納房租金的標準，亦可因賄賂而改變階級的屬性。如同樣一所房子，有些份子繳租金十盧布；另一種份子便非數十或數百盧布不可。所以住房子的鬥爭，對於生活的關係，影響很大。有了房子的人，還得千萬設法保牢；沒有或不夠房子的人，千方百計找門路，也不易得。譬如一家數口，往往只有兩間小房，不但廚廁混雜，連夫婦亦常無法共處共宿，夫婦生活，便大受影響。蘇俄離婚，法律上，是一件最簡單的事，只要雙方到負責機關簽一個字，就可解決；事實上，卻往往成為不可能的事，這就是因為離婚以後找不到新的住處。有時，剛離婚的人，就只好在兩床之間，掛起一張毯子或布圍，無乃分居分宿的大滑稽。這不僅是蘇俄人民司空見慣的事，孫大男女同學，在莫斯科成婚者，學校也是採用這種方法。在一間大宿舍中，擺上若干三尺寬的床位，用布簾間隔起來。每床一對夫妻，這床位也就是他和她的家。生了小孩，則送到或寄養（寄養，將來可以帶回）托兒所。中國學生在俄國所傳播出來羅曼蒂克的新聞，也以如此「家庭宿舍」為最多最精彩。

莫斯科在這種環境之下，市容就很難表現整潔。尤其是冬季，到處積雪如小山；夏季如鱗的街道，綠色又少得可憐。幸好沒有煤煙，因為工廠多在郊區。居民主要燃料，為木柴和煤氣。煤氣是由烏克蘭、高加索等地，用管子接運來的。氣候寒冷（平均溫度為八九度），家裡非燒壁爐不可，燃料都是木柴。莫斯科接近北極，緯度很高，冬季白晝時間很短，不過六七小時，夏季則完全相反。夏季不熱，為一年中曬太陽的季節，夜晚仍須穿大衣。冬天則昏昏沉沉，大雪紛飛，很難見到太陽。雪枯如沙，不易融化，全市有數千馬車和萬餘清道夫，晝夜不停，清理街道上的積雪。使用粗笨掃帚的清道夫，有不少是婦女。莫斯科市，好像很安靜，安靜得有點奇怪，近乎不自然。街上沒有兒童的喧叫，只有些提著籃子賣蘋果或香菸的老太婆，站著或坐在道旁屋角，靜靜地等待著顧客。一個四百萬人口的大都市，人聲喧嚷，應該是意料中事；可是，它反了常，街上行人很少，冬天或許是天寒地凍的關係，夏天也多不了多少。

如果觀賞標準不太高的話，莫斯科夏季的景色，也還有可觀。克里姆林宮的御花園，固不是普通人可去遊玩的，市區仍有一些大大小小的花園，有各種的花草樹木，勉強也可流連。

郊外有很多古老和新建的房屋，塗上各種鮮艷的顏色，這些房屋，多是用巨木造成的。許多飲食攤上，出賣一些糖果餅干、麵包、香腸等類東西，劣質的伏特加酒，也隨處可以取得。報紙只有《真理報》和《消息報》，發行最廣，到處有售。絕大多數市民的交通工具是電車，馬車成了奢侈品，私家汽車寥寥若晨星，公共汽車和計程車，當時都還沒有。電燈雖很普遍，但光度不強，鄉村更似螢光鬼火。電話只有機關、學校、團體、國家商店、公共場所才有，一般人民的通話工具，就靠公用電話。由於電話設備的不普遍，市民利用它的機會，也就不多。

蘇俄統治者管制人民原則之一，就是「不讓人民有休閒的機會」，所以在各處閒蕩的人，自然少了。街上行人雖然不多，可是乞丐和扒手，在僻街冷巷中，仍是出沒無常。蘇俄宣傳革命以後，社會上「沒有乞丐和盜竊」，這是騙不過親受其擾害的我們。中國學生，初到莫斯科，出街一次，自來水筆、手錶和口袋裡的東西，常常不翼而飛。如以此反問蘇俄共產黨人，他們會解釋說：「這是監牢或感化院逃出來的。」有一件事，確是很奇特，即莫斯科街頭，很少見到嬉蕩的兒童。原來兒童都被強迫進了小學和幼稚園，星期假日，又編進了「少年先鋒隊」去參加各種活動。其他的學生，也是如此。一般父母都很忙，一天工作之餘，已經精疲力竭，那會有閒情逸致，帶著兒女逛街、上劇院、進公園呢。尤其一些父母，連休息的時間都沒有，只好把在家的兒女，交給老祖父母去看管。而他或她們的年歲已高，看管孩子的唯一辦法是：少惹麻煩，「留在家裡不許動」。革命不久的蘇俄，處處還相當落後，大家為著生活，都要去尋工作，工作機會，也就很難得了。更不平常的，往往妻子的工作，比丈夫的重要，收入也多。他和她之間，並不會因此引起妒忌或怨恨，因為互相都瞭解，這是蘇俄特有的情形。如孫大一位教俄文的女老師麗雅，以大學教授自居，收入亦不亞於一個副部長級的人物；可是她的丈夫，曾在中國漢口做過領事，這時卻在一個機關的衣帽間工作，等於是一個看門人。

革命以後俄國男人酗酒的性習，並不減於革命以前。政府當局原來的想法：以為現在蘇聯社會，已沒有階級的差別，也就不會有「借酒澆愁」的事情。因此，酗酒自然會漸漸地消失。相反的，俄國伏特加酒的產量，卻一年比一年增加。酒是政府公賣的，政府也絕不會自塞財源，下令去禁酒。警察見了街上的醉鬼，頂多把他帶到「醒酒站」去「治療」一下。等到過一晚，酒鬼自然醒了。就把他放出去，還要繳一筆「治療費」。政府此種額外收入，自然也不會少。至於少年犯罪的人，卻不太多。原因多半是有了上述看管的關係，他們沒有時間和機會到外面去閒蕩；家長們也不會有剩餘的錢給他們花；所以他們不是不想去犯罪，實在是壓得沒有時間和機會去犯罪。

莫斯科的市民，每年有兩個特定的瘋狂節日：一是十月革命紀念節；一是五一勞動節。十月革命紀念節，正是冰凍的時候，政府雖熱烈的鼓勵推動；市民卻身心俱冷，始終提不起大興趣。紅場舉行官樣儀式和閱兵以後，照例的遊行，仿如冷火愁煙，虛應故事而已。唯有五一勞動節，市民們因過久了沉悶的日子，嘗盡了艱苦的滋味，正好藉此機會，把感情與活力發洩一番。一九二五年的五一，天氣晴朗。典禮儀式在紅場列寧墓前舉行，以列寧墓作檢閱臺，上午十時開始。軍警和民眾，已早於午夜集合排列於臺前，數不盡的旗幟、標語、畫像，上下揮動、迎風招展。史達林和政治局的官員以及部長們，都序列於列寧墓的頂頭。史達林和好幾個大員發表一番高論之後，開始閱兵、遊行。各兵種隊伍和一些戰車之後，是走不完的民眾隊伍，一直到下午兩點鐘才走完。遊行隊伍，出場以後，分很多路線進行，一直鬧到晚上八、九點（天還沒有黑）還不停。看遊行的人更多，湊合在一塊，配合各種樂器，唱歌、跳舞、高叫口號，喧嗔達旦。這種紀念集會的作用，不外炫耀蘇聯力量的強大；老百姓對共黨統治的信心如何？天知道。

我們從莫斯科回國以後很多年，還有朋友問我：「有沒有人跟蹤你們？」關於這事，就很難斷言。不過在那幾年之中，中國學生卻沒有一個人敢進中國大使館（大使還是北方政府派的）的大門，和與華僑們有所交往。我們的衣箱行李，存放在儲藏室裡，經常被翻動；信件常有被拆裂的痕跡；卻能明顯的看得出。我們除在避暑期間，能接觸一批俄國工人（多數為女工）之外，俄國人也很少與我們有經常交往，這並非是俄國人民不友善，而是蘇俄政府不讓其人民和我們交往。他們或她們雖存著很多顧慮，但是那些會心的微笑，卻令人有無限的安慰！他們每個人的心坎中，對於「切卡」、「革別烏」（祕密警察）、「集中營」、「強迫勞動」，無時無刻存有戒心。所以從表面看莫斯科，非常和平、寧靜，實則神祕、恐怖，卻籠罩了莫斯科天地。

# 孫逸仙大學剪影

孫逸仙大學，位於莫斯科阿羅罕街，坐東朝西，是一所方形建築物。前面有個小花園，當中一條甬道，兩旁栽了些樹木。學校正面是三層樓，頂上掛的俄文招牌是「中國勞動大學紀名孫逸仙」字樣。俄文簡稱為「烏捉開」，我們稱它為「孫大」。俄國各地的公私建築，為了適應寒冷氣候，都是採用自動關閉的門戶。所有窗戶都裝上兩層玻璃，以隔絕襲人的冷氣。「孫大」也不例外，進門是傳達兼掛衣帽的地方。經常有校工一、二人在此招呼。照俄國的習慣，冬天一入門，必須脫去大衣和套鞋，出門再穿上，否則就會引起感冒。因為室內室外，冬令溫度懸殊，自非如此不可。當中是樓梯，底層是飯廳。飯廳的座位，只能容納百人左右，故學生最多的時候，必須分兩三批進餐。二樓的正面，是學校辦公廳，校長教務主任及教職員都集中在這裡。另外有幾個房間，是黨部，事務處，出納室，印刷室等的辦公處所，餘下的就是一間一間的教室。每一教室，只容十來二十人而已。三樓是圖書館，裡頭的中文書籍，是同學們從國內帶去的，一律集中在這裡，任人閱覽。這是學校當局一種不成文的「禁挾書律」。反正每個同學，白天在校，僅有半邊書桌，晚上在宿舍，僅有一張床舖，也根本沒有私人放書的餘地，只好捐獻出來，交換閱覽也好。後來由於學生人數日增，更感無集體活動的場所，乃擴建一所俱樂部，亦即大禮堂，位於學校的右側方，全部仿大理石牆壁，規模相當宏偉，陳設亦甚壯觀。正中舞臺，為演講表演之用。右首懸我　國父孫中山先生遺像，左首掛著列寧遺像。都是巨幅油畫，維妙維肖！按照我國的習慣，一向是「尊右」的，所以右首為大；俄共素來「尚左」，則以左邊為上。從這點看來，他們對這兩幅巨像的懸掛也是別有用心的。據胡漢民先生自俄歸國後報導：當他在俄時，看見俄國有一幅標語，寫的是：「從孫文主義到列寧主義。」他當時就指正他們：應該將這句話掉轉過來，成為「從列寧主義到孫文主義」，方合正理。後來這幅標語，終於撤掉了。足見這幅標語的涵義，與兩幅遺像之分懸，用意甚同。

「孫大」的正對面，隔著一條馬路有所大教堂，建築頗為別緻，中間突出一個大圓頂，四面有四個圓頂，比當中的略小略低。全部作蓮花形，遠遠望去，無論從那一角度看都活似僧帽或皇冠。其建築之宏偉，據稱僅次於羅馬大教堂，居世界寺院之第二位。教堂四周，都是廣場，正好作我們早操、散步、溜冰的場所。我們每天至少都要去走一遭，散步遊玩或作呼吸。大家都曉得：蘇俄是舉世惟一反宗教的國家，他們認為宗教，是人類思想的痲醉劑，所以禁止宗教，猶如禁毒一般。教堂既被認為是傳播毒素的場所，平時則重門深鎖，鴉雀無聲，冷清清有如鬼屋！這所教堂，我們曾經參觀過，入其門，雖是雕梁畫棟，美奐美侖；但覺幽黯深邃，陰氣森森！除了燭臺法器而外，還有兩副石棺，據說是一些帝王僧侶埋骨之所。俄國自大革命後，對宗教雖積極禁止，但老一輩的男女，依然迷信甚深，凡走過教堂前面，輒以手向胸頻劃十字，口中念念有詞，一若不勝其景仰也者；有些則徘徊教堂周遭，低徊而不忍去；有些則俯吻聖像之足；或明或暗以表達其信仰之虔誠。共黨對此，亦只有搖頭太息而已。

教堂西首，即瀕莫斯科河。河面並不怎樣寬，但水流相當的急，常常有覆舟沒頂之災。邵力子之兒媳婦朱有倫（時亦在孫大念書），就是淹死在莫斯科河中之一個。每到夏季，有許多男男女女在此游泳，他（她）們大都一絲不掛，嬉戲水中，或仰臥沙灘作日光浴。路上行人，對此固熟視無睹，裸男裸女，因此亦旁若無人，其暴露之澈底，雖頭號性感明星，或極野蠻的民族，亦望塵莫及！我們同學，有時駕一葉小舟，泛乎中流，經過這一地帶，常有成群男女游至艇邊，或逕自攀登，躍入艇內，裸體相視，恬不為怪。在蘇維埃統治下的男女界線，既已打破，所謂「性的解放」！一杯水主義之澈底程度，就此亦可見一斑。

# 負笈俄京第一課

由上海、平津到莫斯科的學生，已先一月，都上了課。由廣州第一批來的同學二十二人，休息了兩天，各自安排生活上的一切和認識校內外的環境。第三天，第三國際派來一個不太知名的二流領袖來本校演講。講的是關於「共產黨之國際性」的問題，算是第三國際創辦「孫大」的開場白，也算是我們負笈俄京的第一課。大家對於這第一課的老師和所講的內容，都覺得太貧乏無奇。這有兩個原因：第一、他講的這一套，我們在國內已從書本上看過很多；第二、他忽略了聽眾的學識水準，把中國學生比如俄國工人，加上條條文的解釋，枯燥乏味。先聲不能奪人，大家就不免有點失望。因之，以後對於各種課程，便都有「不過如此」之感。而且事實證明：所有理論課程，平淡膚淺，皆不足觀。

共產黨之國際性的問題，我們這批毫無社會、政治經驗的學生，原有一種異常天真的想法和看法：共產黨是一個國際性的政黨，世界上任何一國的共產黨，都要受共產國際所領導，向著如中國《禮運・大同篇》「天下為公」的理想道路走。這種天真的見解，不久就被很多事實打破了。大家都知道所謂共產國際，實際是由蘇俄所控制。各國共產黨服從共產國際，等於服從蘇俄，實現蘇俄一國所要求的利益。這種觀念，到今日雖已成為舉世人民最普遍、最粗淺的常識，無人再敢懷疑；但在當時，我們覺認為這是我們最早的發現，我們對國內當局和親朋，也作過不少的報告和通訊。至於共產國際如何控制各國共產黨？各國共產黨如何作了共產國際的奴隸？以及俄國共產黨如何與其他各國共產黨不同，又操縱著共產國際？其策略手法，我們也經過一段很長時間的經歷，才體會了出來。

各國共產黨對共產國際及蘇俄的臣屬關係，從「共產國際章程」上，本可看得出來；但這冠冕堂皇的「共產國際章程」，粗枝大葉，都認為原則不錯，看不出有什麼毛病。過細研究起來，才會發現共產國際（即蘇俄）對各國共產黨控制之嚴密，實遠出一般人想像之上。如原則規定：入黨資格，必須承認共產國際綱領，服從其決議；國際決議，各國共產黨應無條件地立刻執行；各國共黨活動，只有在國際決議範圍內，才有自由處決權。在組織和人事上規定：各國共黨中央委員的進退，必須國際同意；各國共黨開大會，必須國際批准；大會和中委會的決議，國際有修改和否決權；國際有派全權代表直接領導各國共黨活動權；國際有開除任何一國共黨之權等。我們以前只知共黨控制其黨員很嚴密；今日且發現共產國際控制各國共產黨，更為嚴密。共產國際對各國共黨組織上的束縛控制，已使各國共黨絲毫沒有自由；但國際猶認為未足，再加上一套「政治任務」來綑紮，嚴格規定了廿多條。於是各國共黨的政治路線，也只有一條路可走，「無條件地追隨共產國際」。共產國際同時運用組織和政治兩道繩索，綁架牽著各國共黨，各國共黨也就不得不「唯命是從」。只有一個國家的共產黨，為特殊，為例外，那就是蘇聯。

蘇俄用共產國際控制各國共產黨，自己轉來又控制著共產國際。手法這一轉，它便成了共產國際的霸王。蘇俄共黨之成為共產國際的「太上皇」，是因為在共產國際中，它享有超乎各國共黨的種種特權：如規定代表人數與表決權數目，俄共都占多數，在政治意義上，蘇俄領導各國；在政治路線上，各國「保衛蘇俄利益」；俄共只要承認「聯共」的黨綱；俄共中委進退和召集大會，可以自行決定；俄共可以不服從國際的紀律與決議。依上所述，都足說明蘇俄、國際、各國共黨之間的三角關係，蘇俄居了三角的頂角。最明白的事實告訴我們，如後來蘇俄一國可以宣布「解散」第三國際；蘇俄一國又可以組織「國際情報局」；隨便解散國際，也照樣領導各國共黨。俄共不是共產國際的「太上皇」，又是什麼？蘇俄把握操縱共產國際，當列寧在世時，即已為許多國家共產黨所不滿，如義大利、瑞典、挪威、南斯拉夫等國的共產黨，都有積極的反映。列寧曾以「改良主義和社會和平主義」斥責這些國家的共黨，其實並不是真正的原因，因各國的主義立場，當時都沒有改變。而真正的原因，還是在俄共利用國際控制和奴役了它們。近年各共產國家之普遍反蘇，又能說不是這一事實之有力證明嗎？

所以「共產黨的國際性」，在理論上，可以這樣說；在歷史事實上，便說不通了。第三國際的要員，為我們上這第一課，其動機不外要我們認識、相信、承認「共產黨是國際性的」。相反的，我們實際所見、所聞、所獲得的，恰恰是「背道而馳」的結論。即令理論可以服人，而事實卻不能服眾。同時，各國共產黨為什麼需要共產國際，且甘受俄共利用共產國際來擺布控制它們？也並非沒有目的。這正如一九二〇年，巴庫東方人民會議時，許多共產國家的代表，對齊諾維也夫（巴庫會議主席，俄共代表）所說的：「我們對俄國惟一的需要，只是武器和錢，其他都不是急需要的。」這問題就非常赤露了。

# 中國問題專家——拉狄克

關於拉狄克，他是孫逸仙大學的校長，是我們多數同學的直接領導者。我們理應知道他更清楚；可是相反的，我們對他的身世和革命經歷，直接所瞭解的，反而不多。他和列寧、托洛斯基等人，都是同僚朋友。他之參加俄國革命，在時間上來說，或許要晚一點，因為一九〇五年以前，他的大名，還不大見於經傳。他之參加革命工作，因為他是一個學者、理論家，所以在理論文化上的貢獻比較多，在實際行動上的做得少。在共產黨中的地位，與布哈林、史達林等，都差不多。

孫逸仙大學，一開辦就是他任校長，不到兩年，被史達林加上一個「托派」、「反對派」的罪名，就把他拿下來了。他是個怪人，有點書呆子的性格，做事是很負責的。籌備孫大開學，為時不過三四個月，一切都能井井有條。我們第一批同學到校，即已有賓至如歸之感。那時他每天到校辦公時間是有一定的，總是上午的九時。見了我們同學，都是很客氣的，除寒暄之外，總要問問同學的學習情形和興趣。記得我有一次告訴他：「俄文不好學，有點傷腦筋。」他很有趣的答覆說：「對任何不傷腦筋的，只有上帝；對任何要傷腦筋的，才是你我。」我不知道這是不是西洋的格言，常常體味著這兩句話，覺得蠻有道理。他的態度很和靄、平民化，沒有官僚氣，很平易近人。雖其對中國之陰謀，不減於其他共黨領袖，以私人情感言，大多數同學，對之都有相當好的印象。

他的身材並不高大，不像一個俄國人（有人說是德國人，又說猶太人）。那副尊容，也有點古怪，腦殼大、下部尖，有點像猴爺。頭上前額空了頂，又有點像列寧。說話很幽默滑稽，觀其人，聽其言，最易引人發笑。他患著深度的近視，不戴眼鏡幾乎不能走路，自然更不能看書或做事。頭髮、鬍鬚，常不修整，一套深灰色的西裝，似乎也經常不換。其為普羅化耶？在中國人看來，卻是不修邊幅。難道他是一個大學校長？若是不知道他的話，就不免要發生錯覺。口裡經常銜著一個菸斗，不論有菸無菸，總是吸著吐著，好像成了一種習慣。大家都說：他是一個學者，是一個哲學家，是中國問題專家。一傳十、十傳百，他便無形中成了中國學生的偶像。據說他懂得西方六、七國的文字，不知是真是假，他能俄、德、法三國的語言，卻是不錯的。他的頭腦很冷靜，思考很周密，也是可以看得出來的。他演講的時候，口若懸河，有一發不可復收之勢。講到得意之處，習慣的把兩隻手的大拇指，插在西裝背心的左右口袋裡，另外的指頭，則一起一伏拍著胸膛，好像一隻伏著的大蝴蝶，展翅欲飛一樣。有時更低著頭，像傍若無人似的，在臺上散步式的向左右走動著，但並未因此而減低了聽眾的注意力。其時，孫大同學某君，原來的姿態像貌，本有一點與拉狄克相似。他常常模仿著拉氏的神情、態度、聲調作講演，有聲有色，唯肖唯妙。因之，同學亦爭以「拉狄克」呼之。他不以為忤，恆相顧一笑。從此孫大常常鬧著真假拉狄克的故事，這在留俄同學之中，至今尚傳為一種佳話。真拉狄克，後來是被史達林清算鬥爭了。不幸的，這位假拉狄克，在俄國也蒙過難。雖然他不是受了真拉狄克事件的直接影響，而是史達林另有陰謀作用在；但其藉口，卻是牽扯了真拉狄克的間接關係。

拉狄克在孫大所擔任的課程，是「中國革命運動史」。這是孫大最叫座的一門課，也是唯一的各班合堂的課程。每週講一次或二次，每次二、三小時。每逢此課，孫大的禮堂總是塞滿了人。東大的中國學生來了，許多所謂研究中國問題的俄國學者或專家，也多趕來聽講。另外跟他跑的也有一批人，但不是保鑣或特務，而是他的速記和捧參考書（每次都帶幾十本參考書）的人，有如眾星拱月，派頭相當壯闊。他有相當天才，記憶也不壞，每講到一事物時，必翻幾本參考書，找出證明來對照，表示不是他的杜撰。他講學的方法，自然很正確，是用科學方法（不一定是辯證法）來分析中國歷史，所以處處都表現有新的見解，能夠吸住聽眾。整個的系統，自不用說，單以他對秦始皇和元朝的政制、劉邦和朱元璋的興起、王莽和王安石的變法、康有為與梁啟超的維新……的理解而論，實超出一般歷史學家、社會學家之上，自然更不是機械運用唯物辯證法的人所能望其項背的。關於帝國主義之侵略中國，舉出了很多帝國主義方面有計劃侵略中國的證據。多數資料，是我們從沒有見過和聽過的。特別是從俄宮檔案中所找來關於外交上的祕密文件，如中國欽差大臣受賄，中國外交由勝而敗的經過記錄，使我們聽了很驚奇，也很慚愧！他這次講學，開始於一九二六年的春天，根據他的計劃，大約是分上下兩部分：上部分析中國的經濟政治；下部分析義和團以後的革命運動。不幸至一九二七年夏天，就停了沒有再講，只講完了上部，對於革命運動本身部分，竟沒講到。這是我們深為惋惜的事。

拉狄克的思想，不失為一個真正的馬克思主義者，對於現實世界主張積極破壞改革，但他似不像俄共那些領袖們，專掛羊頭賣狗肉，以革命為名，以權力為實的陰謀家。他的政見，大體是和托洛斯基相近，過去常是列寧主張的反對者，最後也是史達林的敵人。他的言論和行動，在一九二七年夏季以後，已被特務警察所限制。孫大的「中國革命運動史」，很久沒有排課，也沒有看到他來學校。後來認真打聽，才知道校長一職，早在半個月以前，即已換了副校長米夫接替了。究竟是怎麼一回事？大家都如在夢中。新校長米夫，是走史達林路線的，陰險多計謀。今日共產黨中的「國際派」，多半是依附於他的。新的副校長，則屬於博古列也夫（原教務長），此人不過一趨炎附勢之徒，一切皆無可觀。中國有句古話：「不遭人忌是庸材。」說也奇怪，一九二七－二九年，凡是被史達林所排斥誅鋤的人，大都是比較有學識才器的人，拉狄克即其中之一。與他那些所謂反黨的同僚，在一九二九年的大整肅中，也同歸於盡了。

# 七百年前的中國古城

在莫斯科有「中國城」（亦名「蒙古城」，據說西伯利亞也有兩座，但未見過），這實在是令人最興奮也最困惑的事。因為中國歷史上或地理上，都沒有過這項記載。沒有去過莫斯科的人，自然是不知道的。這座方不滿兩里的「中國城」，正位置於莫斯科的中央鬧區。它不但是占了俄羅斯開國至今一大半歷史的名勝古蹟，也是我黃帝子孫最早留在歐洲的一個光榮紀念。七百年前的古城，今日雖已名實不符，內部完全俄化了，找不出一棟中國式的建築，也沒發現著中國人的住戶，但「中國城」這個名字，俄國雖屬婦人孺子，皆能道之。現在僅存著高不及丈的一兩道紅磚圍牆，又多殘破圮毀，根本說不上名勝。它的存在，就歷史教育說，應是俄羅斯人的恥辱；就市容來說，也確有點影響觀瞻。俄國人何以不把它拆除？我們常常就有這種想法：他們保存它的意義或許不在這有形的矮矮牆垣，而在其精神影響的價值。沙皇時代要利用它，蘇維埃政府也還是要借重它，所以它才能屹立至今，永垂不朽。

孫逸仙大學的校址，是在阿羅罕街，宿舍則遠在二三里外的伊里引士街。對於「中國城」，卻是我們每日必須經過之地。在冰天雪地裡，把臉包在大衣領子裡，雙手插在口袋裡，低著頭，閉著嘴，往前奔竄。心裡沒有別的想念，只覺得我們「百折不撓的帝王——成吉思汗」，真不愧為歷史天驕，他所組成的蒙古帝國，功業之盛，實為空前所未有，他的勢力，已由中國北部到了得尼河畔。他死了以後，歐洲人最可怕的蒙古勢力，又捲土重來，自烏拉山、基輔，直至烏地納。一二四一年（淳祐元年）擊潰伏來得利克第二的軍隊，全歐更為之震動。莫斯科的「中國城」，據說就是在這個時候建立起來的。它不但是當時中國軍隊的駐營地，也是蒙古勢力向西南發展的指揮中心。當時歐洲那些以思維為主體的歷史家與地理家，無法明白蒙古人的實況，還以為他們是雪霧裡來的天神，或荒山中來的蠻族。只看見自和林至奧德河，來去如狂飆，鐵騎所至，飛塵蔽天，在無垠的荒原中，永遠飄揚著九條白帶勝利的旗幟。孫逸仙大學西方史的教授舍里可夫，曾為我們講述過一些關於蒙古人的神祕故事：如小兒夜啼，他的母親或父親，只要說一聲「蒙古人來了」，或說把他「送到中國城去」，這小孩馬上就會停止哭泣。很多類此無稽之談，今猶傳遍民間。當時歐洲人之看「中國城」，或亦若今日人類之看「克里姆林宮」，有談虎色變之概，容或有之。舍里可夫更說：蒙古人到歐洲，激起一種恐怖，使荷蘭漁人不敢去英國海濱捕魚。同時，也給各國執政者一種刺激，改變了他們過去禁錮的作風。如教皇因諾增爵第四，即派遣了東方使臣到蒙古本部去傳教，就想攫取一些什麼似的。其時正是十字軍很盛的時候，他並有一個政治陰謀，企圖聯合蒙古帝國，共同夾擊他的敵人，藉蒙古人的威望，來壓倒回教。這在中世紀國際政治史上，也是最重要的一頁。

俄皇伊凡第三時代，一四八〇年，雖推翻了蒙古帝國的統治，把中國人從「中國城」趕跑了；可是「中國城」，卻又成了俄國人的偶像，成了他們憧憬研考的中心。在俄羅斯後半段歷史發展時，他們所瞭解的亞洲，不是文質彬彬的中國，也不是幽深潛思的印度，乃是逐水草的匈奴民族，馳騁原野的蒙古。蒙古給俄羅斯的影響，實在太深。不只是俄羅斯受到了它二百年的統治，使他們嘗到暴力的滋味。更重要的，是使他們得到一種歷史教訓；這是「力」的憑依，而且此種力不是靜的，乃是動的。從此以後，「許多俄國人的心目中，沙皇應當是成吉思汗，帖木兒，蒙古帝國侵略的繼承者，擁有中亞」。我們不管俄國後來向中亞細亞的發展如何，但蒙古留給俄國人的影響確是深而且廣。後來俄皇彼得大帝之力圖擴張，即是「力」的策動，蒙古的遺傳；今日蘇俄之窮兵黷武，野蠻侵略，自然又是沙皇主義的最高運用。

俄皇彼得大帝，體格健強，意志堅定，不怕困難，晝夜工作和他的一切事功，這是世人都知道的。但是他最足稱道的，也是很少人提到的，就是他那種敏銳的直覺，能夠把握住俄國人民的靈魂。他明白俄國民族受了蒙古影響後，其特質乃在他們的流動性與團結力。但是這種流動性，假如沒有確定的中心或堅強的組織來維繫的話，其結果必成為民族的一種弱點。蒙古帝國的崩潰，原因雖多，而這實是主要原因之一。反過來說，假如有一集權的勢力，其性質又固定，組織成一種機動的軍隊，不只可以統治此種游牧民族，而且可以擴展領土。蒙古帝國的成敗，也正是如此。所以彼得大帝，從歷史上所得到的，不是害怕蒙古，不是仰慕蒙古，乃是蒙古人成敗得失的鎖鑰。我們知道在火車未運用之前，俄羅斯對外侵略最有效的方法，即在哥薩克流動性的軍隊。這是蒙古的遺傳，俄羅斯人的信仰。那麼俄國沙皇和蘇維埃政府，為什麼要保存這座廢墟——或可說是一個贅瘤——「中國城」？從此著眼，也就不難想像得到。

# 謀叛的豪傑——列寧

列寧與托洛斯基，是俄國革命時代，兩個地位相等的領袖人物。前者在革命的策劃上，貢獻較多；後者在革命的行動上，出過死力。他們兩人，雖合作完成了俄國革命，但是兩人的政見，卻始終是相反的。假使托氏易列寧而先死，縱不能取代列寧今日這偶像，被神化的供奉著，亦決不致如後來的寂寞無聞，流亡被暗殺而終。當我們到莫斯科的時候，列寧已先一年死去，托洛斯基與我們多數同學，還有過數面之緣。談到俄國革命情形的時候，似乎都不應忽略了這兩位人物；關於這兩位人物的介紹，中西文的資料已經很多，人們也很熟習，似乎沒有我來多嘴多舌的必要，不過有些事情，或許也不是外人所盡知道的。

「列寧」這兩個字，自然是大家所共聞共知的，但這原是他革命時代的「化名」和發表文章時的「筆名」。他的真實姓名是：烏拉奇米爾・依里奇・烏里亞諾夫。革命後，也沒有改過來，終於「以假當真」。他原是一個貴族家庭的子弟，他的哥哥，也是一個革命份子，企圖暗殺沙皇亞歷山大第三，被捕絞死。列寧受了這一刺激，原只想為兄報仇，並沒有預料到後來會演變成一次大革命。他坐過牢、充過軍、亡命幾十年，直到俄國革命爆發後，於一九一七年四月，才乘德國「祕密火車」返回俄國。當在第一次世界大戰發生時，他在奧國，曾以協約國敵探罪名被捕，交軍事機關審判。後來得到奧國社會黨領袖亞德勒的援助，乃得恢復自由。自此以後，即移住於瑞士。俄國革命發生，經德國社會黨人李卜克內西向德國交涉，始允列寧回國。德人放回列寧的目的，原冀俄國內亂繼續增漲，可以減少對德戰爭的力量。豈知放虎歸山，竟釀成後來之滔天赤禍，實為德人始料所未及。列寧初至列寧格勒（即聖彼得堡），臨時政府指他是德國的走狗，欲予逮捕未果。七月，克倫斯基仍欲捕之，他乃匿居鄉村茅屋中，轉逃至芬蘭。十月，革命軍占了冬宮的次夜，列寧才回來，所謂十月革命，便落在他領導指揮之下了。一九一八年，他被社會黨人刺傷臥病。爾後時病時愈，終於一九二四年，被企圖奪其領導權的史達林所謀害，蘇俄官方公布的噩耗，卻是「久病不治」。

俄國革命勝利，原是很僥倖的，當這消息傳到外國時，列寧也是異常驚訝！根據托洛斯基在其自傳中描述：「列寧滿臉倦容，聞訊時，衫領還沒有扣上，流露出一種失措的不自安，很親暱的望著我而猶豫的說：你知道嗎？從被搜捕的地下生活，忽然到了當權的地位了……。於是又默然無語，像在凝思找些什麼話來說，方為適當似的。然後突然改口用德國話說他暈得發轉呢。同時，提起一隻手在頭上打轉來示意。我們乃相視微笑。」所以俄國的革命，在列寧胸中，原無什麼「成竹」的。一小群俄國知識份子造反，所謂「謀叛的豪傑」（托洛斯基稱共產黨人之詞），竟然得到了俄國的政權。連所謂領導者的列寧，都未料想得到，舉世焉得而不愕然！所謂唯物史觀的「必然」發展，所謂唯物辯證法能「推測將來，百無一失」的謊言，也就得到初次證明。因之以後不僅研究俄國革命史的人，指出他成功的理由，所見所論，莫衷一是，即革命後的蘇俄，也不得不徬徨莫知所從，終於要回到沙皇主義的侵略路線。

不過一般俄國人，大都承認列寧確有他的特長：「了無拘泥，應變裕如。」在革命過程中，他確也表現了不少的領導天才。他常常告訴同僚和其門徒：「革命運動，需要最大伸縮性去活做。」這就是策劃革命和行動，必須適應環境，臨機應變。可是他的門徒，卻因列寧逝世之「變」，而「應」以一連串的個人權力鬥爭。二十世紀初與六十年代的環境劇變，資本主義變了性質，世界革命倒填了日期。他的門徒卻還死拘守著所謂「世界革命」的理論，和「野蠻侵略」的「民族殖民地的方案」，並沒有接受著他「活做」的意旨。列寧將死之前，在《真理報》曾發表一篇最後的論文，提出拿破崙的格言，來勗勉他的徒眾：「乘間蹈隙，奮進窮迫。」這雖成了今日各國共產黨有效的戰法，但許多人認為列寧也是一個「嗜權如命」、「好亂成性」的傢伙。在俄國非共產黨員的口中，常是可以聽到這種論調的。列寧深信「道在我躬」、「善於應變」，因之，他一生對於馬克思主義即增加了不少新的觀念。他的徒眾又根據他的主義，夾雜著馬克思主義，反覆詮釋，以致既弄得共產黨的理論糾紛，層出不窮；也把馬氏的主義，弄得四不像了。所以今日俄式的馬克思主義，乃為一教條的頑固與投機善變綜合而成的矛盾。

列寧的個性，確是異常古怪的，在俄國民間和共產黨員中，常有一些類似神話的傳說，但都不過是由「成敗之見」所渲染出來的，也多不足信。托洛斯基在《列寧傳》中，曾追述到他的性格說：「維那伊凡諾芙娜對列寧說：『喬治（即樸列哈諾夫，俄共黨人稱為馬克思主義之父）是一匹獵狗，他死命狂吠著敵人，而又把敵人放走了。而你則是一匹哈叭狗，你有一種致人死命的咬法。』」列寧有一個「哈叭狗」的渾名，就是從此得來的。托氏又說：「馬爾托夫只顧目前，只顧他暫時的利益，只顧他政論家的日常工作，以及最近的消息與談話。而列寧，把日常事務放在一邊，以思想深深地透入著明日。馬爾托夫有著無數的並且常常是優美的直覺，他設想一些假定，提一些自己也常常很快地就忘掉了的提議。可是列寧卻不同，他抓住了他所需要的東西，並且僅僅在他需要它的時候，把它抓住。」關於列寧演講的形態，托氏描述著說：「列寧講演時，常不免教導地、急燥地、很快地講。因之他的講演，給了速記者以難堪的痛苦……當他意識到許多聽眾需要他說到一些什麼的時候，他的聲調成功一種活潑而柔軟的，使人悅服的人。」托氏這一段描述，把列寧寫得有聲有色，像生龍活虎一樣，也像籠子裡的金絲雀一樣。據一般俄國人說，列寧在對敵作戰與政見爭論過程中所表現的的確如此。至於把他比作「哈叭狗」，尤其是一個最恰當最有趣不過的名字。

這隻哈叭狗，我們雖未曾見過他的生面，卻看過他躺在玻璃棺中的遺容。關於他的太太克魯普斯卡亞，我們不僅見過，且曾聽過她的「高論」。當時她不過六十左右的人，已經顯得非常龍鐘。她到孫逸仙大學來參觀，因為是「列寧夫人」、俄國「第一夫人」，很有點號召力量。很多同學馬上把她包圍起來，問長問短。從她所答覆各方面的問題中，我們已經知道她在前世紀九十年代初，就是一個馬克思主義者，在工會中擔任工作。列寧充軍到西伯利亞，她也被捕充罰到那邊。因為志同道合，就與列寧結了婚。他們不僅感情很好，且都從事於祕密工作，她擔任通訊的職務。後來她作過《火花》（革命的刊物）的祕書，和中央委員會的祕書。我們為表示歡迎，臨時召集一次同學集會，請她演講。因為她這時已專心於教育工作，故她所說的，都是關於列寧主義的教育問題。她的政治路線，是與史達林相左的。她的言詞中，仍似乎蘊含著不少苦衷和憤慨。我們當時還不盡瞭然他們的派系鬥爭問題，對她若即若離的談話，也就體會不到。過後想來，也才恍然。時間隔得不久，她的言論和她所寫的《列寧回憶錄》，都被史達林下令禁止了。從此即不知道她的下落。據說後來也上了史達林的斷頭臺，七十高齡的「列寧夫人」、「蘇俄的國母」，到頭來，還不能免掉史達林一顆子彈。亦云慘矣！

# 理論鬥爭的最高潮

俄國十月革命以後，一群綠林豪傑攫得政權，負起建國的責任。但他們都是老粗，沒有一點政治經驗，舊的完全破壞了，一個新的理論新的建設如何著手，就傷透了他們的腦筋，於是理論之爭，鬧了十多年，始終得不到一個結論和決策。當列寧在世的時候，還能以他的威望，壓服群魔；列寧逝世以後，各派爭論愈烈，裂痕亦愈深。大批中國學生到達莫斯科時，適逢其會，正是他們理論鬥爭最高潮的時代。這個新成立的「孫逸仙大學」，也就成了他們各派爭取的目標。於是孫大的禮堂，經常出現了史達林、托洛斯基、布哈林和其他次要領袖們的演講，發揮他們各自的高見。

不管他們鬥爭的實在性在那裡，但他們所爭執的理論問題，都是發生於他們建國途中所遭遇的困難。這些問題，又都互相密切牽連，對任何一個問題決定對策之後，其他各問題的取決，隨即受到限制。十多年來，所發生的討論對象，時復不同。各派所提出的答案，亦極不一致。究其原因，實皆由於下列五大問題未獲解決而起。這五大問題，不僅成為各種討論對象的連貫脈絡，再夾上權力鬥爭在內，就愈演愈雜，這個死結，也跟著越扯越緊。這種情形，一直到史達林穩握大權之後才止。

所謂五大問題，簡單的說：一、在勞動者的國家，工業該怎樣組織？二、勞動者的地位和組織，該如何？三、如何使得農民，產足都市勞動者所需的糧食和擁護新政權？四、在統治團體中（即共黨本身）和在全國之中，關於地位、權力、紀律，應該建立怎樣的制度？五、國際關係及其對策，該如何確定？這五大問題，其中自包含著千頭萬緒的小問題。同時，五大問題，又皆生於實際環境，並非因所抱的任何理想與企圖才惹出來的。不論何人何派，一旦當權執政，都要碰到的。至於理想不同，處理的方法自然不同，更不用說。蘇俄共黨執政以後，各派對這些問題的看法和所提之對策，亦復紛然雜陳。各種問題，雖或經處理，實則都未獲得根本解決；因其內部所具的實際困難，又復改頭換面，成為新問題而出現了。社會情況未達到安定的均衡，必然又以新姿態而使問題再起的。當時各派所提出的對策，便為不安定情況的反映。從列寧當政時始，一直就是如此。到了史達林時代，位於一尊，一切國政，便不容他人置喙了。

列寧時代，各派的爭論和對策，我們因為沒有親見親聞，暫且置之不說。現在只就二十年代史達林、托洛斯基、布哈林三大主流的意見及對策，簡略言之：列寧逝世之前，放棄了「軍事共產」，實行所謂「新經濟政策」，黨內鬥爭，已趨尖銳。表面所以尚能維持一致的陣容，這是因為有兩個基本目標：既得的政權，不容放手；建立社會主義的俄國，為大家所同心擁護的。但這兩個目標太廣泛，如何維持政權？如何實現社會主義？與上述五大問題，無不息息相關，因之動輒引起紛爭。工業化固然可以擴大統治力的社會基礎，和鞏固國力以禦外侮。但有兩個先待解決的問題，立隨工業建設而起：一為都市勞工糧食的供給；一為建設資本的籌措。如果兩者皆取自農村，繁徵苛斂，農民必將起而反抗，工業建設計劃，就會完全落空。隨實施工業建設而引起的問題更多，如管理的組織如何？工會的任務如何？對資本世界的關係如何？從政治的安全上考慮，要不要外國的資金？應不應先鼓動他們國家內部革命，希望這些工業先進社會革命以後，大量援助落後的俄國？抑或採用別開生面的國際政策？

當時各派針對這些問題的爭論，情緒異常熱烈，如把他們的言論集合出版的話，直可汗牛充棟。我現在只把當時托洛斯基、布哈林、史達林三主流的解答對策，總結之於次：一、托洛斯基是左傾的，他認為「獅子勝狗，而乳獅則為狗所勝」，其意即謂：革命雖勝，建設則難免失敗。因之，他所主張的對策：在國內和國際兩方面，傾全力向社會革命進軍。二、布哈林是列寧所稱的「黨中最可貴而且最偉大的理論家」，思想上偏袒富農，主張合作。因之，他主張的對策，力持慎重，極力主張在新經濟政策所已建起的制度輪廓中，尋求出路。三、史達林不學無術，一向被目為土包子，但陰狠險惡甚於托、布兩人。他在爭論過程中，初則利用布哈林的對策，以攻擊托洛斯基。迨托洛斯基失敗後，布哈林的對策，已呈扞格不通的情況。於是史達林轉而採取托洛斯基的對策，以攻擊布哈林。及托、布兩人均被打垮之後，史達林則大體採取了托洛斯基的主張，據為己有，實行獨裁，號令天下。這就是蘇俄領袖們在二十年代的鬥爭過程。

托洛斯基是俄國十月革命的「紅軍統帥」，當時地位僅次於列寧。內戰結束之際，主張黨用命令的權力，來整頓工會和收拾軍事共產的殘局。其策未行，兩年後，勢力漸失，對黨的領導，開始施以攻擊。繼則批評革命老同志腐化，力主黨員有權盡其所知與領袖對抗。攻擊三人（史達林、加門涅夫、齊諾維也夫）專政，更不遺餘力。一九二四年，德國革命失敗，他藉題發揮，指黨領導無方，必然失敗。從此步步進逼，專以黨務「衙門化」、領袖們「專橫腐化」為攻擊對象。這自然為史達林所不能容。布哈林雖是俄共的理論家；可是他的理論，前後極不一致。從一九一八年到一九二三年，從極左轉到極右。右轉後，便被史達林所利用。他雖主張新經濟政策，卻不同意史達林「集體農場」的積極推進。後來他在報上發表一篇文章，主張農民「儘管發財」。一言之失，就被政治局所利用，把他拉下來了。他反對史達林路線，一直到一九二八年，第六次共產國際大會時，仍和史達林暗中鬥法。史、布暗鬥了好幾年，一般黨員都不知道。等到揭曉，史達林已決定實行一百八十度反布哈林的新政策了。史達林已經大權獨攬，誰敢奈何？

老實說：史達林的主張對策，是在多年內部派系鬥爭中發展出來的，多拾他人之唾餘，以為己之創見。分別言之，約有五項：一、迅速工業化；二、計劃經濟；三、集體農場；四、一個國家實現社會主義；五、更不妥協而左傾的國際政策。我們檢討他這些政策的發展，更可以窺見到另一個重要問題的輪廓：這就是在他爭取權力的活動中，他所持之理論，究竟有多少屬於真知灼見，抑或玩弄共產主義，視為隨時可以更換的偽裝，只是達成個人權力慾的掩護工具。我們實在可以說：蘇俄在史達林領導之下，在主義上，並沒有一致的政策。所謂共產國際，也只是他應付國際政治的工具。自一九二七年起，史達林所用齊諾維也夫的外交政策，就是在他「兩個社會制度，在某一歷史階段，和平共存」的理論幌子下拿出的，即其一例。這只是史達林對一個目標雙管齊下的技倆而已。他不問兩策並用，說得通？說不通？用得著時便用，這便是史達林的本色。他對其他理論和權力的鬥爭，亦無不如是。好爭不得，就是高壓，別無他途。

# 共產國際對中國政策之爭

中國革命問題，當一九二三至二七年（民國十二——十六年）之間，是使共產國際的酋頭們最為棘手，最費考慮的事。我們在前面已經說過：蘇俄帝國主義之與歐洲各國發生關係，並不是放棄在西方的革命活動。他們製造西方德、匈諸國的革命，失敗以後，無路可走，便使他們自然要轉向列寧所認為很重要的殖民地和半殖民地的國家。經過克里姆林宮諸酋慎密的分析以後，認為世界帝國主義根據地的中國，似乎更易使革命宣傳，煽動整個東方，動搖世界資本主義。

真的，第一次世界大戰之後，中國的一般環境，確是給共產主義活動一個最適當的場合。經過蘇俄第一個駐華公使加拉罕，和幾個神祕的國際人物，秉承克里姆林宮的計劃，先後在中國活動之後，頗獲相當成效。一九二三年九月，鮑羅廷跑到中國廣州，便已身價十倍，成為政治上紅極一時的人物。共產國際這政策，在中國最強有力的實施，即在一九二三年至二七年間。表面與中國國民革命的勢力合作，對中國國民黨予以援助。事前蘇俄黨內，關於這個政策的討論，因為列寧在世，由於他的威望所加，黨徒閒話尚少。迨列寧死後，俄共對這一政策的爭辨，也和俄共黨內其他的政策問題一樣，爭論時起，糾纏不清。在孫逸仙大學和東方大學的中國學生，因此政策關係本身的利害太切，亦同樣展開了熱烈討論。作者於一九二五年冬，到達莫斯科，恰巧躬逢其會。中國學生方面，除國民黨籍的同學，根據三民主義的革命立場，另有一種主張之外；而共產黨籍的同學，所討論的意見，都不過是在共產國際幾派意見中打轉轉。而共產國際的各派意見，又是與其整個國際政策相連結的。其中心的主張，大約可分之為三派：布哈林派、托洛斯基派、史達林派；各派各擁勢力，旗當鼓對，吵吵鬧鬧，一連幾年，互攻其非，百無一是。

布哈林的意見，原是屬於保守的一派。對於國際政策，他是主張爭取國外非共產集體的擁護，來達成蘇俄帝國主義的企圖。因之，他對於中國的政策，認為在中國占最重要地位的農民，其意識尚不夠協助無產階級革命，故極力主張與中國國民黨合作，完成資產階級的民主革命階段。他並寫了一本「中國革命問題」的專著，強調他的見解。托洛斯基依據他的「不斷革命論」，則主張在國際上積極推動社會革命。因之，中國共產黨應極力爭取自己的機會，在中國發動蘇維埃式的革命，應不惜不怕與中國國民黨從此分裂。托洛斯基這種意見，所謂中國問題專家拉狄克，和其他所謂左派黨人，都是極力贊成的。布哈林和托洛斯基的意見，是兩種根本對立的主張。而第三派的史達林，實際並沒有提出第三種主義，不過欲藉政爭以達其權力目的而已。史達林最初，大體持著布哈林的意見，以對抗托洛斯基。他認為「世界的共產運動，都要擁護蘇聯這『祖國』。祖國是世界各國共產運動所由發生的力量源泉」。這與布哈林「爭取非共產集團的擁護，來達成蘇聯的企圖」的說法，實無二致。史達林是蘇俄當時實權在握的人，他的主張，即容易得到實現。所以中國的「國共合作」，尚能維持到三、四年之久。迨托洛斯基被打落失勢以後，史達林則轉用托洛斯基的說法來打擊布哈林。他認為「假如沒有他的革命，是無法從革命進到建設一個社會主義的社會」。其為依附托洛斯基之說，亦很顯明。因之，乃有一九二七年共產黨在中國實行暴動，而有國共分裂之事發生。鮑羅廷被中國驅逐回國，中共黨員便在中國各地，進行所謂蘇維埃式的革命。事實告訴我們：國民黨與共產黨過去的「合作」和「分裂」，原來都是由中國國民黨所主動的，蘇俄帝國主義遭了一次慘敗，確很顯明。可是蘇俄和共產國際，卻死要面子，不但不承認失敗，還認為是他們政策的成功，領導的正確。火燒烏魚肚裡痛，這也只有他們自己知道。

過去共產國際關於中國革命問題的討論，正和俄共其他問題的爭議是一樣，「一切決於權力」。隨後，史達林對中國問題的論調雖也變了，一方面是由於中國革命勢力壯大起來了，一方面或許又要表示與托洛斯基的不同，但其基本觀點「世界革命完成，維持蘇俄十月革命的果實，依然是成問題的」，這便是史、托兩人始終並無不同之處，陰謀侵略中國，實現沙皇主義，也無兩種想法。他們兩人，其所以不能相容者，無非在應付局面的方法與其待時而動之別耳。中國「國共分裂」，即成為俄共國際活動的慘敗。人死了，還要來開追悼會。布哈林即仍持其「爭取非共產集團的合作的主張」，對英國希望爭取英國工會合作；對德國希望與德國社會民主黨結成聯合陣線；對於中國，初於一九二七年四月，指示陳獨秀與剛從外國回來，所謂國民黨左派份子的汪精衛，發表偽國共聯合宣言，企圖維持合作；繼則企圖勾結譚平山、鄧演達等所組織之所謂第三黨，再整旗鼓；再則授命中共黨員所謂「八七會議」，尋求「國共合作」死灰復燃之道。結果，共產國際都是空勞畫餅。俄帝詭計未售，一九二八年，共產國際召開大會，把國際政策變了方向，將中國共產革命之失敗，完全歸罪於布哈林，認為布哈林思想有偏差，布氏的政策，即被斥為危險的政策。這樣一來，爭論若干年的中國革命政策問題，在史達林威力之下，便鴉雀無聲了。蘇俄從此也走到了「關門建設社會主義」——史達林一個國家的社會主義建設——的道路上去了，對於世界共產革命的活動，也停息了一段相當日子，一直到第二次大戰結束時期。

# 國共兩黨理論鬥爭

在中國聯俄容共時期，孫逸仙大學的當局，對於中國學生的態度，是依據共產國際的策略來決定的。表面不分國民黨員和共產黨員，尚能一律平等，無分軒輊。所有中國學生，能爭取為共產黨員，固然很好，如不可能，儘量使之成為他們心目中之所謂「國民黨左派」，依然可以利用，亦不負辦理這所大學的初衷。因之，在中國學生方面，剛到莫斯科前半年之中，兩黨黨員，心中雖不免有些芥蒂，表面上卻能和諧共處。但漸積之勢，由微而顯，終於不免展開了兩黨的鬥爭。

先就黨的組織上來說，當時在蘇俄，原有兩個「旅莫支部」：一為「中國共產黨旅莫支部」；一為「中國國民黨旅莫支部」。雖在共產黨區域，但在所謂「國共合作情況」之下，「國民黨旅莫支部」，自然也是合法的組織。而且所有共產黨員，不管真正跨黨、沒有跨黨，都自稱是國民黨員。國民黨旅莫支部，既無從查考，亦沒有可能來拒絕。至於純粹國民黨而不兼共產黨籍的同學，則無法冒充為共產黨員。故從形式上的「量」來看，國民黨實占百分之百的優勢，而共產黨員則尚不及三分之二（因有一百餘同學未入共產黨）；但從實際的控制力來看，孫逸仙大學，則盡是共產黨的天下，國民黨沒有絲毫活動的餘地。後來，共產黨員復積極展開活動，由廣州所去的百分之九十以上的國民黨員，再被共產黨零星吸收了一部分。而純粹國民黨籍的同學，頂多也不過占全體同學的三分之一強。從此國民黨員，也有了較高的警覺，認為情勢可慮，乃於無形之中，自動結合起來，實行堅壁清野政策，由是兩黨鬥爭的暗潮乃起。

國民黨的同學，自知在共產黨全面包圍環境之下，與國內情形迥然不同，恰成一反比例。國民黨員所感到最苦惱的，只能祕密，不能公開；頂多只能表之於理論，而不能見諸於行動。不能與共產黨作公開積極的鬥爭，也就只有採取消極防禦的手段。故在組織方面，實行閉關主義，阻止黨員的外流，即大有「自掃門前雪，休管他人瓦上霜」之概。在理論方面，不敢直接或間接的詆誹共產主義，只能轉彎抹角的來宣揚三民主義，根據 國父言論的實質，化解對三民主義的誤解或曲解。在態度上，最難最苦的，又不能不以他們所指的「國民黨左派」的姿態出現。這也就是我們的「護符」，也是我們為達目的所不能不採用的手段。換句話說：國民黨員的鬥爭活動，只限於守，而不能攻；只能應戰，不敢挑戰；而且還要有高度的祕密。

中國國民黨的歷史上，在可以公開的時期和地帶，還必須採用祕密活動的方式者，這恐怕還是第一次。

當時在理論方面的鬥爭，老實說，由於都是學生，雙方都尚在幼稚的階段。在今日看來，實覺沒有多大價值。如共產黨批評：「國民黨是小資產階級的黨。」國民黨員則說：「中國是國民革命，國民革命，是全國各階級共同的要求，因之，領導這革命的黨，是各階級包括工、農、商、學、兵和無產階級所組成的黨，並非完全代表某一階級的利益。」共產黨批評：「三民主義是資產階級民主革命的主義，是不澈底革命的主義。」國民黨員則說：「國民革命，就前階段說，是民主革命。就後階段說，是社會革命；因為它不會停止在民主階段，還要實現它最高理想——世界大同。」這種討論的結果，無疑的，共產黨是敗了。因為他們只是空口說白話，沒有針對著中國現實環境；沒有瞭解到三民主義的內容和目的。從此以後，一部分共產黨員，才開始作三民主義的研究。像張聞天、陳紹禹、沈澤民輩，一天到晚，手裡都抱著一本《三民主義》。他們終於有一個重大的發現，也就想從此一發現，來曲解與扼殺三民主義，尤其是民生主義。他們把握著　國父的言論：「民生主義就是共產主義」這句話，向國民黨員作理論攻擊，認為講共產主義，就是講民生主義；行共產主義，即是行民生主義；這是二而一，一而二的東西。　國父已一言定論，我們何必固為紛歧，多傷腦筋？誠然，這是一個可以懷疑的問題，也是一個近於學術的問題，不像過去那些無聊的討論。這一個理論問題，當時的確轟動了一番。共產黨人洋洋自得，以為國民黨的同學，從此非屈服不可。而國民黨的同學，當時也未必對於民生主義有深切的瞭解。由是亦激起了研究主義的熱潮。集合各人研究之所得，由同學蕭某集合整理而成〈民生主義不是共產主義〉一文，發表於《壁報》。這張《壁報》，並不像今日國內只裝門面而沒有多少人去看的東西，它卻是國共兩黨共有的唯一的宣傳機關。一張《壁報》張出，經常總是圍滿了讀者，更有不少的人，要把它的內容要點摘錄下來。蕭某這篇長達兩萬字的論文，的確具有澄清思想的價值。他根據　國父遺教的見解，用科學的歸納方法，毫不摻雜主觀的意見，揭露　國父對共產主義的理解和民生主義的真諦之所在。他這篇文章的內容：首先指出　國父在聯俄容共以前，並沒有說過「民生主義就是共產主義」或類似的話。其次，指出　國父在聯俄容共時說這句話的對象，用意和作用之所在。第三、指出　國父對共產主義一貫的態度。第四、指出　國父對「共產」二字有六種的理解，他所指的共產主義，究竟是那一種。第五、指出　國父對馬克思共產主義有所批評。第六、指出　國父對共產主義與民生主義在範圍、內容、方法、目的上所作區別。凡所論述，都有確切根據，絕無杜撰臆造；措詞溫和，深入而透澈，把對「民生主義就是共產主義」一言之誤解與曲解，批駁得淋漓痛快。一般共產黨同學讀之，都大為張目結舌，不知所措。從此以後，共產黨即偃旗息鼓，不再討論這一類問題了。一般共產黨員，本來不學無術，平時復被「禁止研讀三民主義」。除了作應聲蟲之外，便只會空口白話，造謠中傷。真正面臨有關學術性的討論，自不能不作論壇上的敗兵。關於這種討論，我們認為是非常有價值的。國民黨同學之未繼續流入共產黨陣營；留俄的共產黨同學，回到國內後，馬上自動登報脫離共產關係者；此實為一重大因素。後來我們回國，所見與共產黨在理論方面鬥爭之情形，不如當時留俄同學之積極熱烈，又實令人難以索解。

從這次理論大鬥爭之後，共產黨已看出國民黨的同學，修整了防線，布置了理論基礎。所謂國共兩黨同學共有的《壁報》，乃永被共產黨同學所霸占，不給國民黨同學在紙墨上有置喙的餘地。同時，在行動上，又有幾度向國民黨同學猛烈的進攻。他們不但重劃國民黨同學中的左、右派、攻擊右派、拉攏左派、造謠中傷、煽動分化、威脅、利誘（此中小故事最多，暫置不說），在手段方面，無所不用其極。國民黨的同學，知道來勢洶洶，只好沉著應付，抱定「敵來我退，敵息我動」的戰術，與共產黨周旋。我們這樣的「橡皮戰略」之運用，一直維持到國內清黨運動發生，國民黨籍的同學回國為止。從組織活動來說，當時既有兩個「旅莫支部」，而國民黨在實際上卻又有兩個國民黨的組織：一為國共兩黨所共有的公開的國民黨（即國民黨旅莫支部）；一為純粹國民黨同學自動祕密所結合，只有實質而無形式的國民黨。

前者，已被共產黨所操縱把持，一切開會活動，都只略備形式而已，等於是共產黨的外圍組織。後者，在共產黨指定專人分別嚴密監視之下，幾乎一下都不能動彈。然而國民黨的同學，並未因此而罷休，反而意志更加堅定，興趣更增濃厚。我們沒有既成的小組，偶有三四個人在一塊，就可算是一次小組會議。似乎人人都是小組長或通訊聯絡員，一有決定，馬上即反映到總的負責人（時為谷、蕭、楊、李數人），和傳遍到我們全部同志。所謂開會形式，只是在「散步」或「休息」的幾分鐘，至多半小時就完了。所謂討論，只是「三言兩語」；所謂議決只是「一言為定」；也從沒有什麼大的歧見或行不通的事情發生。以視一般近於形式的小組會或其他會議，會而不議，議而不決，決而不行的情形，真不免有勞民傷財，曠時廢事之感！有人說：「政黨在祕密時期，最有力量。」這確是很可相信的。辛亥革命以前的國民黨，少數同志之努力，就把國體變更了，又何嘗不是得力於此。留俄國民黨的同學，正式開小組會既沒有機會，所謂大會也者，自然更不可能。然國民黨的同學，在必要時，還是非召集大會不可。這多半是利用禮拜天或假期，藉遊覽「列寧山」為名，露天席地而為之。沒有形式，一散一合（散即分組研究，合即統一意見），二度的散合，即完成一次大會。一合僅四五分鐘，全會時間，亦常不超過一小時。蓋防共產黨監視人之跟蹤也。這種集會，後來終被共產黨發覺了。查無實據的，共產黨雖莫敢奈何（如在後來，不死也得坐牢）；但在共產黨內部，卻掀起了一次不大不小的風波，鬧了兩三個禮拜。使他們從此更提高了警覺，加強對我們的監視。過去共產黨對國民黨表面友好的態度，從此即一變而為歧視敵視的態度。卒因國民黨在國內的清黨，藉口學業告成（早到的已近二年，遲到的僅一年或數月，都算畢業了），把國民黨的同學，送回中國和扣留失蹤一部分之後，莫斯科的國共鬥爭，才告平息。繼之而起的，便是共產黨內部鬥爭的高漲（共產黨旅莫支部的風潮），且待另文述之。

# 旅莫支部開場與收場

所謂「旅莫支部」，讀者或許對它很生疏。前面已經告訴讀者：當一九二二—三〇年時，莫斯科有兩個「旅莫支部」，一為國民黨的，一為共產黨的。現在我說的是後者。這是中國共產黨駐在莫斯科的最高組織。機構雖不大，但對後來共產黨的作風和影響是很大的。當共產黨成立之初，陳獨秀、李大釗等與留法勤工儉學生周恩來、李富春等，都想爭取共產黨的組織和領導。不意陳獨秀等，捷足先登，陳獨秀且被共產國際指定為共產黨的總書記。留法學生，心有未甘，乃推出周恩來為領袖，於是在中國共產黨中，暗中即形成了「法國派」的小組織。隨後瞿秋白以新聞記者的資格，遊歷俄國，與共產國際和俄共首腦發生聯繫，亦欲從國際關係上，取陳獨秀而代之。終以彭述之等之阻撓，未獲實現。一九二二年，瞿秋白乃拉攏留法學生任弼時和沈澤民、陳昌浩等組織所謂「旅莫支部」，以對陳獨秀等，這就是中國共產黨旅莫支部組織的起源。陳獨秀知道了瞿秋白和周恩來等的野心，亦唆使彭述之、陸成等，組織「擁陳派」，以對抗俄、法兩派。隨後兩湖派之毛澤東、夏曦、惲代英、董必武等，又結成一派。於是中國共產黨，即成了這四派所結合的東西。後來共產黨內部派系之爭，亦無一不是由此演化出來的。

當一九二五—二七年間，中國留俄學生，以東大與孫大為主，特別是孫大。旅莫支部的活動中心，亦完全落在孫大。而當時之旅莫支部，仍舊被留法學生所把持。國內陳獨秀派的陣容，雖已漸漸整齊鞏固，而旅莫支部對之，卻仍陽奉陰違，各行其是。一九二七年，中國國民黨在國內舉行清黨，給了共產黨以嚴重打擊之後，一般專以成敗論事的共產黨人，卻不估計「共產主義是否適合於中國？」「中國需不需要共產黨？」這一根本問題。他們為了權力爭奪，即藉題發揮，完全歸罪於領導者的錯誤。用了他們的辯證邏輯，轉外在矛盾而為內在矛盾，即把對國民黨鬥爭的目標，轉移到共產黨內部而對陳獨秀了。由任弼時首先發難，反對陳獨秀的「家長制」。一犬吠影，百犬吠聲。周恩來等更大張旗鼓，策勵反陳運動，兩湖派之毛澤東等亦同聲附和。次年，陳獨秀終於被共產國際給了「右傾機會主義」的帽子倒了臺，總書記一職，一時無法產生，乃由第三國際所派來的代表暫代。一面由周恩來等組織所謂前敵委員會，策動各地暴動；一方派任弼時等赴莫斯科，向共產國際報告，並掀起中國留俄學生起來響應。

國內共產黨反陳獨秀事件尚未發動之前，莫斯科的留俄學生，在旅莫支部領導束縛之下，早已有了滿肚皮的憤懣，沒有機會發洩出來。及國內反陳獨秀的消息傳到莫斯科之後，留俄的共產黨學生，乃爆發為一種不可收拾的風潮。這風潮固以反陳獨秀的「家長制」為開端，而事實的發展，旅莫支部正是引火焚身。由反陳獨秀，轉為反對旅莫支部的家長制，反對旅莫支部機械訓練（另節說明）的束縛。何以會有此急劇的轉化？蓋當時的中國學生，身處異國，對於所謂中國革命的成敗，尚未直接感到它的壓迫。但對切身所感受到的種種痛苦，卻有急求解脫的要求！這痛苦是那裡來的？自然是旅莫支部所直接賜予的。當時旅莫支部的負責人，以領袖自居，以家長自命，對於一般共產黨員，施行機械訓練，即一切日常生活，事無巨細，皆加管制，以致弄得人心惶惶，不可終日，疑神疑鬼，人人自危！正像莫斯科昏暗沉悶的天氣，夜長晝短，雪地冰天，冷酷無情，緊壓得透不過氣來一樣。大家鑽上鑽下，緊張萬分，好像天將崩，地將塌，大禍即將來臨！一般共產黨同學，都如患了神經病似的，有些人茶飯吃不下，有些人則得了失眠症。人人都只知道精神異常痛苦，卻始終找不出一個道理來。人人都想解脫這種痛苦，也就愈向旅莫支部這個圈套裡鑽。結果正好像一個人掉在水裡，想抓住浮萍以求生，愈抓愈緊，沉溺愈深。不只一般共產黨人如此，就是旅莫支部負責人的心情上，似乎也沒有卸下這個精神上的重擔。因之，反陳獨秀運動，一發即轉而為反旅莫支部的運動，大勢所趨，實非偶然。

這次反陳獨秀和反旅莫支部所結合的運動，一九二七年春，共產黨的同學，關起門來，在孫大大禮堂，一連開了好幾天的大會和小會，結果雖把旅莫支部過去一切作風方式，都和盤托出來了，可是始終得不出問題癥結之所在，沒法子來作決定。幸好孫大校長拉狄克，原已參加大會，旁聽了好幾天，明白了問題的產生和發展。中國共產黨同學不能自作決定，最後只好借助外國人，請出拉狄克這張王牌來作結論。拉狄克講了三四點鐘的話，歸納出一個重點說：「中國學生來到莫斯科，主要的任務，是學習俄國革命的理論和經驗。理論是行動之母，經驗是行動之師。至於黨的工作技術，是要有好的理論與經驗，將來到實際工作上去發揮。」拉狄克這一番講話，分析入微，確實把握了事態的重心。故他講話以後，全場歡呼雷動，掌聲歷久不休。即是作繭自縛的那些旅莫支部的負責人，亦無不為之感動。拉狄克的建議，雖沒有正式提付表決，亦即等於毫無異議的通過。於是孫大和東大的共產同學，都如撥雲霧而見青天，人人皆有喜色，像從監牢裡解放了出來一樣，一身都輕了。從此以後，共產黨的一切活動，似乎也停了很久。縱有活動，也大半成了形式。不過到了一九二九年，東大之併入孫大，是「反對旅莫支部餘孽」，一九三〇年，孫大之解散關門，也是「反對旅莫支部餘孽」，這都不過是一種藉口，實際乃是史達林派與托洛斯基派之爭。然而孫逸仙大學以旅莫支部始，亦以旅莫支部終，也是不可諱言的。

# 豪華的藍色快車

蘇俄革命後十餘年，火車最主要的燃料，還是木柴。車行的遲緩，令人常有龍鍾老態之感，每到一站，必須停車添薪，否則，就難達到下一站。東幹線，西伯利亞鐵路為尤甚，既係單軌，冬季還要沿路鏟除冰雪，由海參崴到莫斯科，需費七八天晝夜行駛不休的時間。西幹線，由莫斯科到列寧格勒，亦大體相似，不過途程短和行車班次較多而已。一般車廂，都簡陋得不能再簡陋。所謂長途臥車廂，多係雙層或三層木板床，既無被褥等設備，食物茶水等，也須自己下車到站上去購買取給。短途坐車廂，除橫置一些木凳外，也是一無所有。

所幸當時蘇俄的領袖們，還保留著一點革命朝氣，在「普羅化」口號之下，對於旅行遊樂，還非常節儉。只有史達林、托洛斯基和政治局的要員們，才有專車。一般次要的人物，都是乘坐普通的臥車。大約到一九二七－二八年間，才決定建造專車，專為黨政官員使用，於是華貴的「藍色快車」，乃出現人間。整個夏季，這列華貴的快車，在兩處避暑勝地——基斯洛夫次克與蘇啟之間行走，偶或開往莫斯科。時間大約從每年四、五月起到十一月。每年冬季，則大修一次。一般普通臥車廂，每五、六年才能大修一次。「藍色快車」每一節車廂的全部設備，在大修時，都要全部換過，費用總在五十萬盧布以上。這列火車的開行，鐵路局每年的損失約一百萬盧布。這列火車上的服務員工，像當時沙皇的警衛一樣，是從最魁梧優秀俊美的男子中選拔出來的（當時尚未通行用女侍）。在普通臥車上，不僅沒有警衛，也沒有侍役人員。我記得我們坐西伯利亞的火車時，我們這半節車廂（二十二人），每天還是自己輪流打掃清潔的。

蘇俄造「藍色快車」，最初為趕著急需，是從各鐵路線上選出一批最好的車廂，改裝翻造而成的。第一個原則，要車廂裡聽不到車輪行走的噪音，行動又非常平穩。因此，在翻造時，車廂的底板必須澆上一層鉛，覆一層毛氈，再加上一層軟木，又一層毛氈，然後才裝地板，加毛氈和漆布，最後鋪上柔軟的花地毯。地毯是特製的，據說每張要花五千盧布。試車時，車廂桌子上，放著一杯盛滿了水的玻璃杯，不許有水濺出來。車廂外面純天藍色，光滑得如同美製小轎車。廂內一切金屬製品，都是鎳或不鏽鋼的。窗子裝上雙層厚玻璃。兩廂銜接的過道，使人毫無兩節廂的感覺。全部是臥車，每廂最多只有十六個房間。「藍色快車」對外不賣票，車票是根據黨政領袖們需要分配的。票分三種：一等票無限制供給任何想吃的食物；

二三等則有一定的配給，超過配給額的，另外付錢。車行之前，服務員在每個房間噴洒香水，供置鮮花，依時送飲料、香煙、水果，都是例有的。黨官們、將軍們、元帥們、部長們，最奢侈的念頭，都非滿足不可。這不外養兵千日，期待他們效忠，必要時他們還得交出自己的性命來。

政治局的領袖人物，都有私人專車，掛在「藍色列車」後面。外觀雖與藍色列車相同，但內部奢侈的程度，則大過之。安全及保密的設計，更加嚴密。如史達林的專車，有臥室兩間，休息室、辦公室、祕書室、侍從室各一間，此外浴室、廚房，無一不備。莫洛托夫及卡岡諾維齊的專車，也是一樣。當史達林、莫洛托夫、日丹諾夫、卡岡諾維齊等大員，旅行到避暑勝地之前，祕密警察和鐵路人員，便如臨大敵，戒備異常森嚴。據說：有一次藍色列車因故在途中停了四分鐘。他們原不知道史達林就在這列車上，後來站長和值日人員都被捕了。其實當這段停車緊張的時間裡，史達林卻太平無事的在呼呼大睡。蘇俄黨政要員和其眷屬之所以要去避暑勝地，並不是為了健康，只是為著尋歡作樂。所謂「尋歡作樂」，就是放蕩狂飲和男女苟合。而風流淫蕩的程度，又以蘇啟和基斯洛夫次克兩地為尤最。在莫斯科枯燥乏味的日常生活中，人們都像懨懨欲死；一般高級官員，更像牛馬一樣的工作，生命又經常在恐怖威脅之中。在避暑勝地，他們才得丟開一切，大玩一下。用他們常用的字眼說，叫做「嘗嘗生活的滋味」。他們醉後的狂蕩與男女的陰私，「紙包不住火」，也終傳為稗官野史和人民的談話資料。

幾千名大大小小的蘇俄黨政官僚，站在兩億多人民的頭頂上，成為一種非常特殊的階級。他們在藍色快車、郊外住宅（別墅）、名勝地、療養所、禁獵區、特種官員平價商店、餐廳、官員專用電影院、戲院、音樂廳及宴會上，所花去他們腳底下人民的金錢，便無法可以估計。因此一般人民，在「八小時工作」口號之下，仍不能不作十二小時以上的勞力買賣。

# 奢侈的郊外住宅

一九二六年夏，孫大同學在距莫斯科十餘里的「湯姆斯基避暑處」避暑的時候，遙見沿河的上流，遠山青翠，綠蔭深處，有幾座色彩鮮豔的洋樓，分布於綠樹紅花間。以問同時避暑的俄國工人，始知為「私人郊外住宅」。當時我們都覺得很奇怪：「無產階級國家裡，還有如此漂亮的私人郊外住宅嗎？」那工人解釋說：蘇聯政府把它叫做「郊外住宅」，歐美國家叫它「別墅」。我們為著好奇心的驅使，很想坐著小遊艇去遊覽一番。俄國工人馬上驚慌的阻止說：「聶里佳（不可）。」我們說：「頗且母（為何）？」一個女工隨即翹起她的大拇指作勢（俄國人每談到顯要或特務人員時，僅作此手勢），我們意識到了，也不敢作冒險的試嘗。以後經過多方探詢，才知道原來如此。

蘇聯所謂「郊外住宅」，實際是專屬蘇維埃特權顯要人物個別享樂的勝境，並非普通人所能享受的。為避免「別墅」這個名詞，在蘇聯字典中，就特別安放著這新名詞。因為在敏感的共產黨人聽來，「別墅」是暗示貴族或資本家的生活。當時像伏龍芝元帥、伏羅希洛夫元帥，以及其他高級領袖，夏天就到高加索的「克拉斯娜雅」和「寶蓮娜」那些舊日沙皇的別墅去休假，有的是在那裡養病。這些別墅，位於遼闊的禁區以內，大員們在那裡獵熊，是普通喜愛的消遣。沙皇尼古拉二世，愛作如此消遣，克里姆林宮的特權階級，也算未失衣缽之傳。史達林的私人郊外住宅，叫做「娜拉斯達」別墅，是以他太太的芳名命名的，在黑海的蘇啟與亞德勒之間，靠近「史達林風景線」，在高加索壯麗的風景區中間。據說：其豪華舒適的程度，簡直難以相信，而且更有萬無一失的安全保障。托洛斯基的別墅，也在黑海附近（忘其名），原是沙皇時代一個親王的別墅。當史達林與托洛斯基兩派鬥爭的時候，托洛斯基在這裡藉養病的名義住了好幾年。他的郊外住宅，便不異是他的避難所。但在史達林特務嚴密監視之下，托洛斯基已是插翅難飛，而托氏還是利用了他這座別墅的地理環境，做他應做的工作。

莫斯科是蘇俄的政治神經中心，距離太遠的別墅，只有長期的休假，才能用到。因之，一般顯要的別墅，常不只一處。史達林另一所郊外住宅，叫做「柏爾庫希柯夫」，距莫斯科不到十哩，他常在這裡渡週末。在白俄羅斯——波羅的海鐵路線上，離莫斯科二十餘哩，莫洛托夫和政治局委員們也各有別墅在。史達林這所郊區別墅，是他和四太太羅莎幽會的地方。

羅莎的哥哥卡岡諾維齊（史的劊子手之一，紅極一時）的別墅，就在其側。兩座別墅布置之華麗，自不待說。有一點最可注意的，在諸多布置之中，絕無任何具有「革命」意味的東西，如馬克思或列寧的畫像和內戰的壁畫。一切陳設，都澈頭澈尾的資產階級化了，女侍身上一片白，男侍西服白手套。守衛綦嚴，分為三道護衛線：區域守衛，保障半徑七八哩內的安全。第二道守衛鐵絲網，是外線，全網晝夜通電，網內圍牆高三、四公尺。第三道是圍牆以內，牆外護牆溝，寬五、六公尺。內外軍警林立，特務四周巡邏。每一負責守衛和僕役，且奉命互相監視，稍有差錯，都要集體負責。

所有私人別墅的設計，非常精細而複雜。不僅建築物本身——園林、噴泉、游泳池、網球場及暖室；內部的裝飾——廁所、浴室、廚房、冷藏庫、傢俱、裝飾、地毯、書籍及一切用具，無不求其盡善盡美。乃至主人奇怪的念頭，都要設法使之滿足。這些都要由建築師負責，在祕密警察監視和幾度細密檢查之後，才交給其主人遷入居住。而一切食用物品的供給，每天都派汽車輸送，應有盡有，而且有的是用飛機從外國運來的東西。一個俄國工人說：私人別墅所需的，唯一不能供給的，只有「鳥奶」。負責計劃建造私人別墅的工程師，據說沒有一個人不緊張萬分，從應召設計直到交出別墅，甚至以後若干年內，始終都是提心吊膽的。當負責「娜拉斯達別墅」設計建造的工程師，事後獲悉這所別墅是史達林的住宅以後，幾乎嚇得魂不附體，渾身發抖，就是一例。更笑話的事是，一個農民出身的最高蘇維埃主席加里寧，在蘇啟附近視察他的新住宅時，窗幔的質料，已經是法國來的上等貨色，他還感到不滿。他一面摸著窗幔，一面說：「你們實在可以替一個國家主席買好一點的窗幔啊！」終於「黃狗吃屎，黑狗當災」，這位工程師，從此也就不明去向了。

# 莫斯科的博物館

莫斯科有各種各色的博物館，和富有歷史性的建築物，專供各界人士參觀之用。這種博物館，據統計有一百一十六所，都分門別類，陳列著各種器物和圖表。至於歷史性的建築物，由政府保管的，不下八百七十多處，大都保存原有設備，以資憑弔紀念。

我們到達俄都之後，即不斷的分組分期擇要參觀。其中有一座歷史博物館，位在克里姆林宮右側，保存赭色火磚構成之中世紀建築物。裡面所陳列的大半是自石器時代起的各種器皿，如石錐、石斧之類。由引導參觀的人，分別說明其種類和用法，作為研究「社會形式發展史」一課程之參證。其實陳列在我們目前的石片，石塊，有方的，有尖的，與平常在沙灘所看到的差不多。究竟是否石器時代遺留下來的東西，或的的確確是作那些用途，都無從判斷。

另有一處博物館，專門陳列各種各色動物標本，相當完備。淺見的共產黨徒，最初只想把馬克思學說「定於一尊」，連達爾文物種進化的原理，都想把他推翻。因之後來有所謂「李森可學說」，想另成一套，但未成功。結果他們對於達爾文，還有相當尊重，認為他是一個「否定互助，專搞鬥爭」的先驅。他們為替馬氏學說加油，所以正要利用他。在這一博物館的進口處，更有達爾文造像一座，其意即在引發人們的遐思！

看過了飛禽走獸死的博物館之外，我們又參觀過莫斯科活的博物館，就是動物園。這所動物園，規模相當宏大，所搜集的動物，亦相當普遍。單是雄獅、猛虎，都各有十幾二十頭。而大蟲之中，又有非洲的黃班虎和長白山的黑老虎（編按：長白山一帶之老虎品種，應為「東北虎」，又稱「西伯利亞虎」或「阿穆爾虎」，未有「黑老虎」之說。另，非洲未有野生老虎）。前一種，擺在園裡一個角落，一邊圍著高逾丈許的圍牆，一邊隔著寬約十丈的水溝。據說圍牆的高度和水溝的寬度，都非猛虎所能超越的。所以遊者隔岸觀虎，不致有虎兕出柙之虞。這批老虎，處在深溝高壘之集中營裡，似亦無逞兇作惡之餘地。至於後一種長白山虎，渾身漆黑，眼閃閃作金光，其形狀和黑貓一般無二，則被關在大鐵柵。當我們正在東張西望目不暇給的時會，忽地聽得一種連續嘶叫聲音，兇惡而悽慘，貫耳欲聾，大家不期然而然地順著這高聲望去，即見百步外大鐵柵的一端，遊人奔集圍觀。原來是一頭巨形黑虎，正在虎視眈眈，逐漸迫近一隻蹲在地上的雌虎，雄的走得越近，雌的叫得越兇，終於雌雄混作一團，直至後者叫聲停止，前者才嗒然垂首曳尾而去。這一場「虎鬥」，使得圍觀男女，皆摒息無聲，歎為觀止；中國女孩子，已是面紅耳赤。然後目逆一笑，相率而去。

在莫斯科有一所「紅軍博物館」，陳列著各種服裝武器，其中有福龍斯佩過的皮帶寬約三英寸，形式和我們北伐軍軍官所佩帶的差不多。這皮帶的邊緣洞穿一孔，約莫半個蠶豆大小，據說是當年福龍斯指揮作戰時受傷的紀念物。另有一所「革命歷史博物館」，陳列著許多革命史料，當中有一幅統計圖表，說明沙皇末期，罷工次數最多的年度，以表示革命的高潮，則未免過分誇張，出乎情理之外。我們這批初蒞赤都的同學，聽到這種解釋，甚感迷惑！於是有人就提出疑問，當時他們亦無詞以對。蘇俄政府所保留的建築物當中，有一部分是帝俄時代王公大臣的住宅，革命後被政府所沒收。這些封建時代的遺產，一律被列為博物館，任人參觀。我們曾經看過一系列的「諸侯府」。這些王侯第宅，多半是建築得深邃小巧，重門疊戶，幽黯陰森，一間一間的毗連著。所有書房、客廳、臥室大抵是很小巧，而且也是陰森森的。既非高樓，更非大廈，也根本沒有院落和天井。無怪生長其中的人物，都是目光短淺，胸襟狹隘之徒。

莫斯科有一所富有歷史性的「地下印刷所」，共產黨認為是最有價值的博物館，這所神奇的博物館所址，就在警察廳的斜對門。外表是一個普通小商店，面積不過十來坪。揭開地板，下層有一個大房間。當中有口井，作四方形，周圍鑲著木板，深約丈許，並有三分之一的井水。以扶梯沿井而下，離水面尺許的一邊，有一扇活動的小門，僅可容一人傴僂而入。入其內，又有一小間，約占鋪面三分之一，其中置有印刷機一部。據說在革命以前，布爾塞維克黨所辦之報紙和指摘政府煽動民眾的傳單標語，都是從這地下印刷室所印出的。帝俄政府曾天天查緝，始終不知這些報紙是從那裡印出來的。他們渲染得活靈活顯，自詡神奇。我們參觀一番之後，也彷彿是在看有機關布景之《悅來店》、《能仁寺》一類的舊劇一樣，只覺有趣而已。

# 有名的大都會旅館

當我們初到莫斯科下火車時，站上一些閒雜的俄國人，多好奇的走近來看一群西裝革履的中國青年。有人問我們是不是住「大都會旅館」？我們雖沒有住旅館的打算（只是等學校派人來接），但「大都會旅館」的影子，卻首先印入了我們的腦筋。過了不久，我們也知道了其中的一切。

位置於莫斯科市中心的「大都會旅館」，是當時莫斯科最大的一家旅館，也是一家帶有神祕色彩的旅館。距克里姆林宮很近，站在旅館的樓頂上，可以看到克里姆林宮崢嶸的城堡和紅場的全部景色，阿羅罕街「孫逸仙大學」的校舍，也隱隱在目。

一向聞名遐邇的大都會旅館，是一棟大而無當的五層建築。外面塗上淺黃綠的顏色，配上鐵黑的陽臺和發亮的貝殼圖案，中古式的角樓，顯得有點陰森。內部有四百多個房間，廳堂和餐室，都嵌砌著深藍花紋的大理石（人工造的），深紅的鵝絨窗簾和毛織花紋的地毯，都褪了顏色。一切布置用具，雖多陳舊，都相當華麗，頗有古色古香的味道。

這家旅館，名聲由來已久，俄國人大都早已知道。它開業於一九〇五年，原是一個俄國貴族所經營的，為一般王侯、貴族、地主、豪商、高級軍官，揮金如土，消閒作樂的地方。一九〇五年，正是日俄戰爭以後，俄國布爾塞維克黨，發動第一次大革命的時候。革命運動雖被沙皇政府壓服了，但社會情況，總是混亂不安。因之，這家旅館，也成了陰謀作亂的共黨，從事偵察刺探沙皇政府一切活動的處所。他們喬裝作貴族、貴婦、學者或妓女，混跡其間。於是大都會旅館，便不折不扣的成了沙皇政府與俄國共產黨鉤心鬥角的地方。間諜、反間諜，既出沒無常；沙皇祕密警察所布置的眼線——大學教授、藝術人士、花枝招展的女人、風騷淫蕩的娼妓，也各負使命，開展活動。由於先大的遺傳，蘇俄新政府成立，亦舊瓶裝新酒，故技重施。直到革命十年後，一般安分守己的老百姓，猶不願經過其地，避之惟恐不遠。很多人都斥之為「黑地獄」，有些人則指之為「無情的風流寨」。

大都會開業，雖在革命混亂之秋，那些昏庸腐化，醉生夢死的王侯貴族們，仍然尋歡作樂不改。故冠蓋雲集，營業鼎盛，始終如一。一個神通廣大，原係西伯利亞僧人的拉斯普丁，也常駐於此。拉斯普丁有妖術，與俄國皇室有密切關係，沙皇奉之若神明；王侯貴族們則尊之為「聖僧」；一般人民則目之為「妖僧」；為沙皇以下最具權勢的人。此僧恃其妖術，嫖賭玩樂，陰毒險狠，無所不為，無惡不作，比之中國舊小說中能仁寺的僧人，超過不知若干倍。因為他更有政治權力的沙皇作背景，雖惡名昭彰，誰都無敢奈何。他每次從聖彼得堡（列寧格勒）來到莫斯科，帶一批吉卜賽的巫師、巫婆和男女侍從，浩浩蕩蕩，不殊帝王的出巡。沙皇要歡迎他，貴族將軍們要巴結他。他大玩大樂，伏特加酒灌飽了，美女嬌娃玩膩了，才一窩蜂似的擁回聖彼得堡的老窠。

俄國一九一七年二月革命，革命民眾發難於莫斯科，布爾塞維克黨首先占領了大都會旅館，作為發號施令的大本營。於是昔為王侯貴族玩樂之徵逐所，一變而為綠林豪傑的聚議堂。列寧在入克里姆林宮之前，曾設辦公室於此，計劃策動十月革命；托洛斯基任紅軍總司令，在此舉行就職儀式，指揮革命隊伍進攻；喬治亞囚徒，實行蘇俄大獨裁的史達林，亦在此初露頭角，成了革命委員會主角之一；蘇俄特務頭子澤欽斯基，開創「切卡」在此；列寧與德國謀和，企圖阻撓和平計劃，重行參加世界大戰的布龍金，謀殺德國大使也是在此（企圖引德人進攻）。所以俄國革命時代，這家旅館，住滿了陰謀家和特務警察，構成大都會旅館的唯一特色。自斯以後，凡外國官方或私人使節、商務代表、採訪記者、觀光客人，全下榻收容於此。不明其內幕者，還以為是蘇俄政府的特別招待；知其內幕者，則無不視為進了他們的監禁圈。明知進了圈套，還得若無其事的，小心從容去應付。

莫斯科雖尚有其他規模較大的旅館，可是稀奇古怪的歷史，卻沒有一家能比得上大都會旅館。蘇俄十月革命成功以後，一切機關組織，都遷到了克里姆林宮，大都會便完全成了招待外國貴賓之地。我國胡漢民先生、于右任先生，以及宋慶齡、邵力子、馮玉祥、鹿鍾麟，到莫斯科去時，都在這裡下榻過。因此，中國學生也常有機會去觀光，多是代表學校去迎接他們到孫大來演講。我進去的時候，或許是心理上已有了準備，倒無什麼特別感覺。去了不敢亂說一句話，倒是真的。因為蘇俄對外國客人，總是抱著猜疑畏懼的態度。早已傳聞所有旅館，都裝設有竊聽器、透視鏡、窺視孔和照相機，而且異常的多。上下服務的人員，從經理到侍役打掃工人，乃至應召女郎等，都是特務人員所改扮的。監視著外國客人的一舉一動、一言一笑，探刺陰私。

外國客人，雖受到極嚴密的監視，但他們仍是異常的歡迎，因為外國客人有美鈔、英鎊、法郎、馬克，正是俄國要搜括的東西。據說：這大都會旅館，最初除收住政府所指定的客人以外，只限於攜帶有外國「硬幣」的人進去。到後來，無硬幣而有外鈔的，也可以進去，俄國人也可以進去。目的則在搜括，擴大增加收入。因之，一切招待供應，無不應有盡有，更無不盡美盡善。只是一切供應，都貴得要命，往往超過黑市價格一兩倍。有一個外國記者，曾對大都會旅館下過一句評語說：「它是浩瀚的共產海洋中一座布爾喬亞孤島。」，實非誇張。因為住客稍稍放縱一點的話，一天一晚，多花幾百美金，絕不算為奇事。

# 外國人士旅行的困難

凡到俄國去的外國人士，都不會沒有目的。縱不想一窺所謂「優秀」的政治、經濟、文化、社會的實況，看看山水風景、名勝古蹟，也是人人所企望的事。這在任何民主國家，多半都是非常自由，「百無禁忌」的；但是外國人士到了莫斯科，要作旅行參觀活動的話，卻是異常困難的。他們會把你束縛在莫斯科，休想離開一步。中國以前駐俄大使館的職員，就是一個好的例證。當一九二五－二七年時，中國駐俄大使顏惠慶先生，還是北京政府派去的。其時中俄兩國因無外交可言，中國大使也就常留在國內不去。中國留俄學生，被禁止和大使館職員接近，大使館職員，也不敢和學生來往。他們的一舉一動，都受著嚴密的監視和限制，無異於坐牢監禁。據說：蘇俄有百分之八十的地區，是不開放的。其他百分之二十的地區，表面上是開放，外國人士可以去旅行參觀，不過事前仍須經過很多麻煩手續，獲得蘇俄當局的允許，並且還須獲得交通工具（汽車很少，更無出租汽車）和住宿的地點才行。因為一般情形，火車票和旅館，都被當局所控制，又是不易辦到的。如果是外國的新聞記者，那他們開放的地區更狹，限制的條件更嚴。照相自然不准，發通訊稿也須經過審查，即是一紙極普通的報導，十九都是難於通過的。

當時有一批中國學生在莫斯科，好幾年中，僅僅集體旅行到過列寧格勒（聖彼得堡）一次。這是俄國最西北的都市，也是蘇俄千百城市的首席代表。這次旅行的手續，據說還是學校當局，設法賄通了第三國際的路線，費了四個月的時間，多方周折，才得到批准的。如果不是第三國際這隻紙老虎的面子，如此大批外國人的集體旅行，簡直是不可能的事。

事實上，這次旅行，學校當局雖費了九牛二虎之力，才獲得成功，這批學生在精神上，並絲毫不覺得愉快！火車剛開出了莫斯科，便有一群警察來檢查通行證和身分證件。中國學生的手續，雖經由學校的領隊人，一下子就解決了，而俄國的旅客，個個鵠立，鴉雀無聲，手捧一切證件，靜候查閱。費了將近二小時，檢查人員才下車，還帶了十多個俄國人去了。什麼原因固不知道，但是總可想像到一點。火車繼進開動以後，車上緊張的空氣，才跟著和緩下來，車上的旅客，似乎才放心吐口氣一樣。說中國話的朋友，自然沒受到這一拘束。同車一位俄國紅軍的少校，和我們學生談話，他問：「為什麼全世界都和蘇聯作對？」學生們不願和他討論這類問題，他卻引證史達林的話自己來作答解。蘇俄的人民，和其他國家的人民一樣，對於批評，非常敏感；對於讚譽，也容易表現出反應；他們像小孩子一樣，常常希望有稱讚的批評。然而蘇俄當局的宣傳，則企圖掀起對外國人的憎恨！但有很多俄國人，對於我們這群外國學生，卻有很高興的表情。也有些無知與不三不四的人，或許就是他們的特警人員，則祕密地通知俄國旅客說：車上有外國人乘坐，叫大家不要和外國人接近或談話。乃不知這群外國學生，是他們蘇維埃特准旅行的貴賓。他們防範這群學生，好像是患了傳染病怕被傳染似的。其中有一個俄國青年（或許是所謂白俄），在經過我們學生旁邊時，聲音很小的說：「我的父親和哥哥都在中國，我很願意和你們談談；但是你們和我們，都正在被監視著哩！」有一個六十左右的老婦人，滔滔不絕的對我們指點沿途的景色。後來一個人喝令她注意說話，她還罵了他一句。

蘇俄的一切，任令蘇俄當局如何巧妙掩飾的宣傳，能欺騙無知的勞工和農民，總瞞不過知識份子的眼睛和耳朵。我們在鐵路的沿線上，常常可以看到成群的人，在警察監視之下做工，男女都有。蘇俄的強迫勞動制，這時雖尚未明令施行，或許早已祕密在做了。這群衣服破爛、面黃肌瘦的勞動男女，或許即是奴工營裡的可憐人，亦未可知。一位引導我們旅行的俄國人說：「蘇俄的農民，常常藉故願意被判處強迫勞動，一方面有麵包可以充饑；一方面國家又會照顧他們的兒女。」這種解釋，雖然想掩飾他們奴工制度的醜惡，實又彰露了蘇俄人民生活的太不幸福。離開莫斯科到了鄉間，一般的情形，都有很大的改變。蘇俄的鄉村，確是十分貧窮，人民衣衫襤褸，臉上總露出疲乏和厭倦的表情，不論老年或中年的男子，多留著滿面的長鬚，更是一種「貧不修容」的表徵。這在大都市雖然要好一點，但是真正西裝筆挺，皮鞋光亮的人，不問就可知他是一個外國人。蘇俄當局宣稱，蘇俄沒有乞丐。的確，這在莫斯科和列寧格勒的大街上，是少看到，因為被禁止了，但是其他任何城市鄉鎮，卻所在皆是，特別是在教堂的附近。我們在莫斯科行人稀少的街上，常常就遇到來和你並肩密語，像至親好友一樣的人，會張口向你討一、二戈比（等於中國一、二毛錢）。中國學生走到路上，偶不小心，自來水筆被扒竊去了，也是常事。劉××到莫斯科的第二天，兩支自來水筆，即同時不翼而飛。據說莫斯科的乞丐，被拘捕得很厲害。一被拘獲，即送到西伯利亞極北極貧苦的一塊荒涼地方，像日本過去在臺灣拘捕盜竊，送到火燒島去一樣。淫威之下，自然也就減少了以身試法之徒。這樣，他們的宣傳，便是可以相信的。

外國到蘇俄去旅行參觀的人，即令是貴賓或異國共產黨員，也只能看看自然景色，和被引去參觀最好的東西，特別選出來的模範工廠、住宅、博物院、圖書館、學校、劇院和有宣傳性的場所之外，其他什麼都看不到。主要原因，即旅行沒有行動的自由。你所想看的，看不到；在莫斯科看厭了的，不願意再看。所以我們幾天的旅行，精神上之所以不愉快，實由於不能滿足知識的慾望，不過僅經俄國過路的旅客，情緒多半與我們這些老旅客不同。當他或她們被「蒙蔽」去參觀訪問後，僅見其表而未窺其裡，通常都獲得愉快而模糊的印象，常會誇不絕口（很多歐美人士，就上了這一大當）。倘他們明白他們所見到僅是什麼東西，又是在什麼場合和方式下見到的，有誰會妄加讚美！

獲准在蘇俄境內旅行的一般外國人，縱令交通工具和住宿問題都獲得了解決，而收費之高昂，總要超過普通二、三倍之上。超過普通二、三倍的定價，如何增收？這是要講究技術的。慣例即以普通的車廂和旅舍，臨時略加裝點，標為特等或頭等。外國旅客如嫌太昂貴，需索次等或低級者，必巧飾說：都沒有了。你如果不忍痛犧牲，任其剝削的話，便將永遠不能成行與永無住宿的機會了。他們為什麼要這樣做？據說外人旅行，他們都派有特警跟蹤監視的。這跟蹤監視人員的一切旅用各費，都要羊毛要出在羊身上。一九三九年，作者在重慶，遇見一位英國記者，他親口對我說過一故事。他說他曾到過蘇俄一次，有一次坐火車到奧德薩（向為俄國走私的港口）城去旅行，上了火車，發現一個年輕貌美的俄國女郎和自己同一個房間。他一方面喜歡，一方面又疑懼。他自己不會俄語，但這位女郎卻用純熟的英語和他攀談，她自稱是莫斯科外語學校的學生，談得非常投機，增加了他的旅興不淺。其實他未明白，這就是一般俄國人所共知的所謂「任務女郎」，是特務警察機關特別訓練出來的。「任務女郎」有兩種：一種是走國內路線的；一種是走國際路線的。這位英國記者所碰到的，大約就是後一種。外國旅客，不但在車上或旅舍可以遇到，在路上或交際場合中，她們也常會來勾搭你。你不要妄想這是飛來豔福，她們都是負有監視或偵察任務而來的，在柔情密意中，掘發你的祕密。一經勾搭，她們便牛皮糖似的，任務沒有達成，是不會離開你的。為目的不擇手段，也常可犧牲色相。旅客欲與之結伴同遊，或興雲雨之情，都不困難，只是代價高得驚人，算是她們的額外收入。這樣，在俄頃之間，或許你這瘟神，就作了階下之囚，亦未可知。外國人士在蘇俄旅行的艱難，最不容易通過的就是這道「美人關」。西方沒有經驗的青年旅客，因此而誤事的，過去就不知有多少。

蘇俄東部的特比里西，向為外國人士願意旅行渡假的地點，據說那裡的生活，比莫斯科自由一點。不僅風景宜人，喬治亞省的人民，也比較有點生氣和人情味，不像政治中心莫斯科那樣緊張恐怖。我們有些同學，很想自費去旅行一次。但向學校當局申請，半年沒有消息，後來問了幾次，總說手續沒有辦好被推脫了。烏克蘭地方，相傳以黑土聞名於世界，也是世界有名出產美女的地方。有些中國學生，雖不是羨慕黑土，卻禁不住「美女」的引誘，也想自備旅費去觀光一番。向學校申請了很久，也終於石沉大海，杳如黃鶴。當時中國在俄國的學生，正是俄帝共產黨積極企圖收買利用的人，他們想旅行一次，尚且如此困難，其他普通外國人，自然就更不容易了。

# 人民行動受限制

俄國革命以後，外受各國的包圍，內有所謂白俄的內戰，嚴密封鎖國境，不准人民自由出入，理由或有可說。到一九二五—二七年時，內亂已平，已是蘇俄酋頭們自稱為新的建設年代，更虛偽的尖銳的宣揚蘇俄的「優秀」和西方的「腐敗」。可是令人大惑不解的是：一方他們還是拒絕核准簽證，阻止外人進入蘇俄，不准外國人入境來看看「優秀」的蘇維埃國家；一方他們又拒絕發給護照，防止人民離開國境，不准其人民出國去看看「腐敗」的西方國家。這不僅是四十年前的事，即到現在，還是如此，而且變本加厲，高張鐵幕，飛鴻莫渡。有人說：如果蘇俄能開放國境，准許其人民自由出境考察或旅行的話，那蘇俄的人民，恐怕一兩天之內，便會走光跑盡。這種說法，也許是太過火；但蘇俄的頭子們，在此四十年中，卻始終不敢冒險來試驗一下。

出入國境，必須有護照，原是國際間來往的通例。可是蘇俄更有一種法律，是異乎其他任何國家的，即控制與限制其人民在國內的行動。這奇怪的法律，不但違背了馬克思「勞動階級自由」的原則，也壓倒了蘇俄的所謂「憲法」。一九二六年，早算是蘇俄建設的時代。我們學校一個俄文教師麗雅小姐，她曾告訴我們：蘇維埃國家的法律，凡年滿十六歲的人民，在同一地區移動住址，必須獲得批准。在國內由甲地到乙地，必須登記，領取通行證才行。如果是尋找職業遷移住處時，也須在甲地警察局登記，准或不准；同時在達到乙地二十四小時之內，不論暫留或長住，都須向當地警察局登記。如果未經核准，私自離開原住地點或沒有獲准而離開原來的工作場所時，就會遭到逮捕，窮根究底的迫查，受到嚴厲的處罰。只有一點特殊，即農民在農忙的時節，是不包括在這種國內通行證制度之內的。他們可以不經過登記手續，但仍只限於本區的鄉鎮，居留不得超過五天的時間。對農民這點特殊優待，據說還是列寧親定的德政。這位麗雅小姐，或許還帶有一點自由主義的色彩，不然的話，或許也不會告訴我們這些。她並且說：「列寧有一次向農民演說：『蘇聯農民，現在仍然是官僚的農奴，他們不能自由遷徙到城市，亦不能自由卜居在新的地區。部長發布命令，叫各級官員不可讓未經核准的人民遷居。什麼事對農民是好的，難道他們比農民更清楚嗎？農民是像小孩子一樣的，未經准許，便不敢移動。這樣的情形，難道不是農奴制度嗎？我問問各位？』」但是蘇俄農民，這種有限度的行動自由，仍只曇花一現。史達林實施農業集體化之後，馬上又被剝奪去了。所以有人說：蘇俄革命後的農奴制，比革命前的農奴制更兇，農民已由「自由農奴」轉變而為「鐵定農奴」了，這實在不是欺人的話。

蘇俄人民，由於在國內得不到行動自由，便想盡方法，要來逃脫。許多的俄國婦女，便異想天開，希望能和外國人結婚，企圖將來能夠脫離俄國這隻囚籠。起初，蘇俄還沒有禁止其人民和外國人通婚（一九四七年始有明令禁止），原來是怕使那些對國際無產階級大團結忠誠擁護的人士感到驚奇！所以當時外國男人去交俄國女朋友，是異常便當的事。在俄的華僑或學生，一九二五—二七年之時，很多人就有俄國女朋友，有的結婚，有的更生了孩子，就是事實。一般人還以為這是蘇俄對婦女解放自由的結果。其實他是沒有瞭解到俄國女孩子的真實企圖：希望將來行動自由，享受自由世界的幸福！因之，當時蘇俄雖沒有禁止與外國人通婚的法令，但是祕密來阻撓破壞，卻是常有的事。即令木已成舟，他們還是要用不正當技倆，或「拒絕出國簽證」的辦法，來拆散這些混合的婚姻。這種事情，發生在英、美、法、德籍的僑民中最多。中國華僑學生，能帶俄國妻子回國者，亦是很少見到的事。

蘇俄如此對付其人民的態度，不但民主國家的人士不能瞭解，即是一般馬克思主義者，也是懷疑不已的。但是對俄羅斯歷史認識清楚的人，自不難明白，這不僅是俄帝新有的態度，乃是俄羅斯舊政的傳統。因為限制人民行動最有效而澈底的辦法，莫過於古老的奴隸制度。

而奴隸制度，是俄羅斯開國建國的唯一法寶，也就成了今日俄帝統治人民最有力的工具。限制與外人通婚和女子出國，在一百多年以前（一八四九年），也成了俄羅斯的政策。有一個著名的例子：當波蘭附屬於俄羅斯時，法國有名的作家波札克，曾請求沙皇尼古拉一世，准許他和波蘭的漢斯卡小姐結婚和一同回國，當時就被拒絕了。西洋人有一句俗話：「愈變得多，愈是一樣。」所以克里姆林宮復古開倒車的政策，已經是愈來愈多。這種傳統舊政的恢復，實不止表現在「限制人民行動」這方面，其為「沙皇主義」的復活，更為一有力的證明。

# 克里姆林宮描影

提到克里姆林宮這所搗亂世界的據點，人們腦海裡必然會浮起一陣可怖的陰影，是一座陰森無比的閻羅殿，裡頭坐著一些豹頭突眼滿臉髯鬚的魔王，左右盡是些牛頭馬面的鬼卒。這些魔鬼，經常是怒目圓睜，張著血盆大口，準備著吃人的姿勢；但有時也會瞇著眼睛，裝出笑臉，引誘無知的人往魔窟裡跑。

這座魔宮，位於赤都莫斯科的中心，是十五世紀俄皇伊凡三世時代的建築物。它的形式，和我北平紫禁城相彷彿，赭色的城牆，燕尾式的雉堞，周圍有十九座尖頂的碉樓，正中的碉樓上，安著一座時鐘，四周都有鐘面，遠遠就可望見。這一時計指針比人身還長，每到子午時分，輒叮噹作響，敲出：「起來！饑寒交迫的奴隸……」音調的國際歌，亦即蘇俄曾經的國歌。俄人誇說這是世界第一巨鐘，但沒有人實地去丈量考察過。鐘樓下有一扇偏東的大門，算是進出魔宮的便道。門口有四個荷槍守衛的紅軍，虎視著出入宮門的人們，凡進宮的人，都須自動的出示身分證，讓他將上面的照片和廬山真面目端詳一番，驗明正身，才准進去。魔宮占地頗廣，東邊接著莫斯科公園，公園的長度，亦即魔宮的深度，中間僅一牆之隔。牆內坐的是君臨俄國的統治者；牆外走的是被統治的「饑寒交迫的奴隸」。南面對著紅場，場寬亦即等於魔宮的闊度。這面城牆底下，埋葬著許多著名人物的骸骨（當中還有一個美國人），其中最突出的，便是「列寧墓」和後來死去的史達林諸酋家，都是浮葬地面而未入土的。西邊瀕莫斯科河，一川溶溶，流過宮牆，滾滾滔滔滲透到每一角落。北面是一條比較偏僻的街道，極目蕭條，僅有三數十人家。廣闊究有若干？已不記其詳，彷彿它在莫斯科市區圖上，是占了很大的一方塊地位，四周還標誌著兩條粗大的紅線。魔宮內部的建築，是新舊半參，很不一致。有好幾座古色古香的教堂，有些作圓錐形，有些作珠莖狀，屋頂有的金黃色，有的赭紅色，有些很像《天方夜譚》和《魔宮寶盒》一類電影中所描繪的形色。一入夜晚，屋頂放出閃閃燈光彷彿像臺灣過去「商品展覽會」的景色。這些教堂，多半是十五世紀由義大利工程師設計的。曾經是沙皇加冕、皇室禮拜的所在，亦為幾個君主生於斯息於斯的陵寢。又曾為拿破崙火燒莫斯科以後的臨時馬廄。另外有幾座洋式樓房參雜其間，有的淺灰色，有的奶油色，情調很不調和，有如赤足村女群中，雜著幾個穿高跟鞋女郎的味道；亦頗類似工業落後的國度，要強行社會主義一樣的牽強。這幾座洋房，就是俄共頭目生息於斯，發蹤指使，搞亂天下的場所。

克里姆林魔宮，在史達林未君臨俄國之前，是終年開放，任人參觀的。其參觀手續和參觀普通博物館一樣。正殿當中，擺著一張寶座，是象牙製成的，從「恐怖伊凡」才開始使用。殿內有一輛馬車，是用四匹至六匹駿馬拖拉的，車身大小和汽車差不多，可容四人至六人。車窗嵌裝雲母，雕刻甚為精緻，據說這是波蘭貢送品。在中國只有迎神賽會時，抬泥塑木雕菩薩的轎子，差可比擬。另有一輛雪橇，比馬車略為小巧，沒有車輪，使用期間更長，俄國沒有鐵路以前，王室貴族從聖彼得堡（列寧格勒）至莫斯科等地，都以此為交通工具。因可想見沙皇當日，馬蹄得得，實不讓隋煬帝錦帆千里之專美於前。有一座鑲著寶石的馬鞍，據說是土耳其酋長，獻給凱塞林大帝的。玻璃櫃中陳設幾頂輝煌奪目的皇冠，中有大如巨斗，鑲著三百八十個巨型鑽石的，煞是名貴！最令人神往的，莫過於彼得大帝著過的盔甲和他特製的馬鞍，前者由銀線織成，非常結實，兩袖張開，好似天使翅膀；後者以黑色牛皮製成，高及普通人的腰際，足見此一曠代驕子身軀的魁梧！看過克里姆林魔宮之後，令人不免聯想到魔宮過去的命運：「獨夫之心，日益驕固；楚人一炬，可憐焦土！」拿破崙以及更早的成吉思汗進軍莫斯科時，已經有了兩次應驗。將來呢？又安知沒有接二連三的「楚人」！倘俄人誠知「族秦者，秦也，非天下也。……秦復愛六國之人，則遞三世可至萬世而為君，誰得而族滅也」？俄人不暇自哀，而世人哀之，亦徒枉然耳！

一位原是共黨托派而反共的同學蘇某說：今日舉世聞名的兩座宮——白宮和克里姆林宮，關於前者的報導，已經很多；關於後者的情形，卻還是個謎。據他在《民意周刊》所發表的文字，亦可供作參考，他說：克里姆林宮占地四十三英畝，四周的圍牆，高達三十呎至七十呎，厚達十四呎至二十呎。圍牆內除住著幾個高級大員外，尚有一所每年召開最高蘇維埃會議的大宮。其中也有四座建築堂皇的教堂，及十餘座比較小規模的教堂或禮拜堂的遺跡。此一城堡，於每天清晨朝陽射在碧瓦金磚上，反映著輝煌的色彩，彷彿是天堂的樂園，可是它的歷史，卻充滿陰謀、絞殺和血腥之氣。

克里姆林宮周遭，設立有十餘座瞭望臺，每一臺都架著新型的機關槍，指向著莫斯科市區，並且由哨兵日以繼夜不停地輪流守望。如果有人敢在距離一百呎之內的地方徘徊，他便會遭受到嚴厲的盤詢，或者被哨兵拖到一間祕密室去，進行疲勞的審問，所以，克里姆林宮的附近，除了哨兵的巡邏之外，向來是很少見到有人在那裡的。早在列寧的時代，克里姆林宮還是深深地鎖著，每一道門戶都由哨兵守衛，迄史達林遷入之時，謀殺的事件，層出不窮。於是由這個時候開始，當局便加強了巡邏及守衛的工作，增設了哨兵，且裝置了預防歹徒混入的警鈴，每逢大門啟開之時，門上的紅燈即告閃亮，且發出響聲，直到大門關閉為止，紅亮的燈方才滅熄。不但如此，每一座大門，都裝有幾道鐵柵，而每一道鐵柵的鎖匙，都是不相同的。克里姆林宮在史達林時期守衛的森嚴，從這裡便可以窺見一斑了。

莫斯科的市民如果要經過此地，必須持有特別的通行證，且要聽由哨兵檢查，所以新聞人員談起它，便要咋舌了——確實是世界不容易去的一個地方。即使那些獲准進入克里姆林宮的人，沿途都會遭受到嚴密的監視，並且不能東張西看。據說，外國曾到過克里姆林宮「祕室」的人，除了邱吉爾及麥米蘭之外，恐怕沒有其他的人了。

談到克里姆林宮的歷史，早在十二世紀時，它是莫斯科城的一部。四周上一道欄柵，防止韃靼人前來侵入的。十四世紀時，沙皇便下令大興土木，建築一座以石塊為心，外邊鋪砌玫瑰色磚的圍牆，將整個克里姆林宮圍在裡面。同時再在圍牆之外，另設一所莫斯科城，中間的一所「禁城」，便是統治俄國的前沙皇，以及現代一批極權統治者的住所。

克里姆林宮占地雖然不小，不過蘇聯有許多行政官署也不設其間，比方國防部、外交部、內政部，都分設在莫斯科市的其他角落。真正地居住在克里姆林宮的人，是那些最高統治的人員。每年他們照例在這裡舉行一次會議，從而決定一些政策。據說克里姆林宮裡今天另保有一個大宮，是十九世紀由沙皇尼古拉一世所修建的，這事外人知道的甚鮮。邱吉爾雖曾到過，也是受到非常嚴密的監視的，自然他不能見到許多的東西，因此他也無以相告，使得這座「禁宮」越來越加令人摸測不到了。

# 私相授受的黑市與賄賂

黑市與賄賂，原是俄國沙皇時代，政治和社會的一大特徵。革命後的蘇俄，由於千萬人千方百計的故意遮蓋，從來就沒有人提過蘇俄的另一世界——無政府狀態的黑市貿易與私相授受的賄賂公行。我們大家所意識的蘇俄：以為人民所勞動創造的成果，一定可以分配給兩億人民去享受。他們國家「計劃」的奇蹟，可以值得大書特書。但經過我們幾年實地考察、訪問、研究所得，便大出吾人意料之外。二十年代的蘇俄官員與人民，都仍在追尋個人的利益，有大規模非法買賣的世界，有明目張膽貪汙賄賂的陋規。混亂與計劃並肩而治，邪惡與計劃相輔而行。他們所唾罵的資本主義，竟替共產主義做了扶手的拐杖。這種非法失紀的行為，與無計劃的龐大黑市網，蘇俄人民都異常的清楚，並通稱之為「私相授受」。

蘇俄這種「私相授受」，並不是廿年代的新發明，自有蘇維埃制度以來，一直存在。更使人驚奇不已的，這種賄賂與黑市違法範圍的大小，竟和俄國領土一樣。它的存在，是政府當局所熟知的；但他們對這個問題的態度，一直充滿著矛盾，始終張一隻眼、閉一隻眼。他們實行新經濟政策後，甚至得到一種鼓勵，不少政府官員為著利益希望所引誘，且與經濟機構的人員攜手合作；後來硬性的國家經濟，又與集體農場農民自由貿易制度結合起來，「私相授受」就一直滋生、發展，在人民的日常生活中，發生了極大作用。

對於這種「事出有因，查無實據」的事，像我們這些外國人，自然很難親歷親見得到的。不過我們從孫大行政當局的作為上，可以體會到一點；從黑市攤上，可以買到外國的東西，也是常有的經驗。一個托派的俄國人士，對我指責史達林政權時，曾告訴我們關於他自己所經歷的事實說：當他在白俄羅斯國內貿易部工作時，曾奉派到拜利斯托克，驗收一批毯子，那家廠長對他說：「你肯留下百分之十給我，就讓你拿去。當然，你要簽具全部收據。」當時他還年輕，沒有經驗，非常不高興。那廠長又冷然的說：「好吧，隨你的便，不能勉強你。」他沮喪的問那廠長：「我怎樣向我們的會計交代？」那廠長告訴他：「不要擔心，你們的會計會知道怎樣處理的。」他覺得非常神祕，只好簽收回去。會計對他的說明，也毫不驚異，只說：「好，留下百分之五，你可把其餘的，送到倉庫去。」當交倉庫時，管理員又拿了百分之五。這樣，他就負了五分之一的責任。奇怪的，他擔心了十年，也沒見出什麼亂子。牽連這行徑的四個人當中，只有他是新手。那三個人，早就幹慣了這一套，一直把各種物品，供應黑市市場，從中賺取高於政府規定價格的利益，再慢慢設法以劣質品或報損方法以填充原來的數量。這種市場外的市場，一般叫做「瑞洛克」。

「瑞洛克」不是一般人所能看到的，它是普通市場的另一面，一切買不到的東西，或政府商店沒有的物品，每樣都可以在「瑞洛克」隨便取給。除了特殊情形之外，警察也不去干涉的，因為他們也要靠「瑞洛克」增加額外收入。二十年代的俄國，麻布、棉布和衣服，都是供不應求的，所以這些工廠的額外收入就更多；但有些工廠，也沒有工做。懂得門道的，只有比政府定價每公尺多付一盧布，有了原料來源，每月就可以多領一萬公尺的料子。當時布料定價八十五戈比（百戈比為一盧布）一公尺，但黑市可以賣十到二十盧布。如每月非法的多付一萬盧布，這筆額外差價所得，的確是大得驚人。因此，蘇俄工人的勞動成品，實際上只有極少部分，是供給國營商店門前排隊群眾的。大部分，照俄國術語來說，是「送到左邊」去了。自然，這種「私相授受」之能維持不墜，不是少數人所能為力的，而利益是要給上下有關人員均分的。所以在俄國社會中，永遠違法，才是一般人的正常生活情形，而非偶然的例外。

蘇俄工人的生活，正當收入一直是不夠維持的。其所以還沒有餓死凍死者，說穿了，還是離不開五年計劃的反面——混亂與「私相授受」的世界。如工廠散工時，門衛時常要搜查工人的身上。當門衛用一雙有經驗的手，發覺有偷盜隱藏物之時，只數著「三……四……十」，便一聲不響地讓他們通過了。第二天，工人們就會將其所得利益的半數，送給那些門衛。這樣的事情，在蘇俄工廠中，幾乎全在進行。已成了公開的祕密，當局也非常清楚。特務警察，除了對於政治案件外，所有盜竊、賄賂、黑市、甚至謀殺，都有處置的較大自由，也多半裝聾作啞。因為特務警察的本身，也非常貧困，他們要生活，要享受，而且他們在貪汙賄賂之下，都已早有了漏洞。一方面要同情那些可憐蟲——工人，並維持自己的生活；一方面更非孝敬層層的上司不可。在這種連環鎖鍊下所造成的「私相授受」的黑市與賄賂，蘇俄似已永無肅清之一日。蘇俄當局縱想肅清，也無奈病入膏肓，只好束手。

# 一代梟雄——史達林

從公元一九二四年列寧之死開始，到一九五三年史達林之死為止，幾乎三十年之久。這是俄國歷史上空前最專制、最反動的時期，蘇俄成了史達林為所欲為的天下，俄國老百姓過著比沙皇統治下更為悲慘的生活。關於史達林的身世和其政治生活，中外書籍報刊介紹已廣，世人已很熟習，我們不想再來重述，下面只就個人耳聞目見者約略言之，以補典籍之所遺。

史達林於一八七九年十二月二十一日生於喬治亞省戈里。他究竟是歐洲人，還是亞洲人，首先就有問題。歐洲人認為他是一個東方人，而東方人則一致認為他是歐洲人。布哈林在和他合作反對托洛斯基的時候，曾妄稱他是一個成吉思汗；一九四一年，史達林自己也曾對一個日本議員說：「我是一個亞洲人。」這說法確實與否，自然都值得懷疑，至多只能說他是生在鄰近亞洲的邊界而已。據一般俄國人說：戈里原是一個極小的鄉鎮，地方非常貧苦，其地居民，衣食常感不足。史達林呱呱落地，正是最寒冷的季節，他的母親因為生他又患了嚴重的疾病，不能哺乳，這條小生命，已經奄奄一息。好心的鄰人，替他張羅一些牛奶和破衣服，才把這小東西從死亡中救了出來，沒有餓死或凍死。哪知這些善心的鄰居，竟是養虎貽患，後來到一九二一年，史達林竟親自率領軍隊到喬治亞，藉鎮壓所謂「農民暴動」為名，把救他性命的那些恩重如山的鄰人和其子孫，都一掃而光了。史達林自小受著自然環境的影響，荒原、貧瘠、冰雪、奇冷和奇熱，就養成了他一種「冷酷無情」、「狡詐狠毒」、「冒險犯難」的性格。大了，又受到馬列鬥爭學說的薰陶，所以他一生的生活中，充滿了「僭竊、謀殺、侵略」的行為。他痛恨鄉鄰，也痛恨世界一切人，「寧可我負人，不可人負我」就是他做人最基本的信條。及年稍長，為人作工，俄羅斯傳統的農奴生活，他也嘗過滋味。所以他從小就沒有受過好的家庭教育和學校教育，一切自然科學，既然不懂，一切社會科學，也就沒有根底，更不懂得任何一種的外國文字。俄國人曾給他一個渾名，叫做「黑列巴」（意謂土包子），就是中國常言「不學無術」的人。一個托派份子曾告訴我說：「有一個布爾塞維克黨員，因史達林發達了，想獻點殷懃，替史達林寫一本傳記。為此特向史達林請詢家世，史達林答曰：『遠祖皆不得知，僅知乃父為人拉牛車，而且早死了。寫什麼，他也不會曉得。』」這或許是言之過當，但史之無學識，卻是俄國盡人皆知的事情。他雖權重一時，俄國人畏之如鬼神，但這並不是因為他值得敬重，而只是因他有特務警察。

俄國共產革命運動的核心，原是一些歐化的知識份子，史達林本不計算在內。後來他由一個搖旗吶喊者，一躍而踐踏了所有那些知識份子，一般人並不把他當作神跡，只歸之於他的「陰險、狠毒」和列寧當初之無「知人之明」。史達林當二十左右時，不務正業，作工被人拒絕，又無一技之長，窮極無聊，只得挺而走險，於是在一九一〇年，勾結一些亡命之徒，打劫第弗里斯銀行，齊諾維也夫（後充共產國際主席）也在內。這批劫盜，後來都被拘捕，流放到西伯利亞。西伯利亞，原是沙皇時代流徙罪犯最理想的地方，但流氓、土匪、強盜這類人物，又是列寧認為最富有革命性的份子。在列寧廣集亡命之徒作叛國資本的時候，史達林也就成了「謀叛的豪傑」（列寧語）之一了。他在西伯利亞過了七年的流放生活，直到一九一七年，俄國二月革命發生，才逃回到列寧格勒。關於史達林搶劫銀行的事，顯明的是他無以維生所出的下策；但搶劫的動機，後來在俄共的典籍上，居然由史達林指示改寫成「為供給黨費」的字句。實則欲蓋彌彰，至今俄人談到此一醜事，猶要嗤之以鼻。

忝列「謀叛的豪傑」之一的史達林，回到列寧格勒參加二月革命。這時列寧、托洛斯基等，都尚在海外作寓公，「山中無老虎，猴子稱大王」，他便成了布爾塞維克黨人活躍的腳色之一。天下無論什麼事，多有「先入為主」之勢。這時布黨的同志，都忙於計劃策動和指揮革命的工作，而無關重要的黨內事務，無人過問，便自然落在老粗史達林的肩上了。幾年之間，他辦理黨內一切雜務，頗有實權。一九二二年，布黨開第十一屆大會，他即被列寧指定為總書記。這固是順理成章之事，亦因黨內諸人，皆不屑此瑣務之故。乃不知事雖瑣屑，實大權潛移之階，他由此漸漸控制有人事經費等實際權柄，換句話說，即漸操著共黨的活動和生命的力量。列寧在世時，他憚於列寧的威望，還不敢為所欲為，迨列寧中風患病後，陰謀漸張，列寧雖已發覺，但為時已晚了。一九二二年十二月，列寧寫出的政治遺言，即一般所稱之「列寧遺囑」，對黨內可能的分裂，已表示沉痛的憂慮，特別擔心托洛斯基和史達林的衝突。這遺囑上說：「我認為穩定的基本因素，是像史達林和托洛斯基這樣的中央委員，……史達林同志，已經作了總書記，他把巨大的權力，集中於自己掌握之中，我不敢斷定他怎能知道如何出足夠的審慎去運用那種權力……。」列寧為什麼會寫這樣的話？後來據布黨高級人員傳出來的實在情形說：列寧在立遺囑的前三天，因為自己中風不能活動，便口授內容，要他的太太克魯普斯卡亞寫封信給史達林。史達林非常氣憤，即欲從速氣死列寧而甘心。因之，他對列寧的口授信件，不作答覆，反給列寧夫人一個電話，大罵她一頓。克魯普斯卡亞受了史達林的威脅恐嚇，仍不敢告訴列寧，恐怕加重他的病況。只好寫信請加門涅夫和齊諾維也夫來幫助她，她的請求信上曾說：「三十年來，從沒有任何同志，向我說過一句粗暴的話，……現在我需要作最大的自制，……我現向你和格里高雷（即齊諾維也夫）求助，因為你們都是列寧的更為密切得多的同志，我請你保護我，不要使我的私生活受到粗暴的干涉，不要使我受到謾罵和威嚇。……我是一個活人，我的神經緊張到極點了。」加門涅夫和齊諾維也夫接到列寧夫人之信後，雖覺得史達林有點過火，但仍欲從中調停（此時加、齊已漸被史達林所籠絡）。先和列寧太太商量，再和列寧商量，企圖把這事極力沖淡。列寧當時雖沒發作，經過長時間考慮之後，次年一月，在他的遺囑上又添加一筆附言「建議：史達林粗魯，不能負黨實際重要工作，應開除其黨部總書記的職務」。並且說，這件事情也許「似乎是一件無關重要的小事；但是它並不是一件小事，如果它是一件小事，也是一件可能產生一種決定性作用的小事」。在同一時期，列寧又在《真理報》發表一篇文章，嚴厲的譴責史達林。負調停責任的加、齊兩人，要求史達林向列寧道歉，可是史達林以列寧為行將就木的人，對自己無法採取其他嚴厲的行動，頂多空口罵罵而已，也就完全置之不理。列寧氣極之餘，三月，乃口授下列便條：「斷絕與史達林一切同志關係。」從此，列寧病況轉重，一直到他去世，沒有能力來作任何的處置。列寧之死，傳說是史達林勾結醫生所謀害的。列寧在病重時，克魯普斯卡亞曾阻止他和列寧見面的，蓋即已預防著史達林這一不道德的舉動，可是智者千慮，終有一失，不料竟沒想到他能買通醫生。而後來是非完全顛倒過來，托洛斯基、布哈林、克魯普斯卡亞，反都被史達林加上「謀害列寧」的罪名。克魯普斯卡亞曾要求在黨的大會中公開宣讀「列寧遺囑」，但結果竟被史達林隱藏起來了，僅有少數上層人物知道，一般黨員和民間便不知道有這回事。直至後來史、托公開鬥爭之時，才由托洛斯基宣布透露出來。蓋托氏亦欲藉此作為鬥爭的利器。三十年後的赫魯雪夫，鞭打史達林的死屍，這也是他得勁的一根鞭子。

列寧死後，史達林第一個鬥爭的對象，便是托洛斯基。列寧舉行葬禮的時候，托洛斯基正在南部黑海濱曬太陽養病。他準備首途趕回參加列寧的葬禮。史達林獲得消息，怕他的聲望壓過自己，馬上就用政治局的名義（此時五人的政治局，實際只有史、加、齊三人了）發電去阻止他：「政治局認為，由於你的健康情形，你必須往蘇克赫姆。」托氏雖明知是史達林的詭計，亦覺得自己尚在病中，無法來與史達林交手，也只好暫時聽之任之。從此史達林便積極展開布署，一帆風順，一九二六年就把第一敵人托洛斯基打垮了。一九二七年，共黨開第十五屆大會，他便獲得了完全勝利。於是狡兔死、走狗烹，列寧死後，政治局七名委員中的賴可夫（繼列寧之後為總理）、布哈林（黨的「最寶貴的最偉大的理論家」）、湯姆斯基（全俄總工會主席）、托洛斯基（革命時的紅軍總司令）、加門涅夫（莫斯科蘇維埃的主席）、齊諾維也夫（共產國際的主席）等這六位委員，在四、五年之內，都被黨的總書記史達林先後加以罪名處決了。一九三四年後的中委、軍事會議的委員、紅軍的高級將領、附庸國的領袖，不是被殺，便是失蹤，幾已被史達林一網打盡。這是後話，我不過提提而已。尚有為外間所鮮知者，當時駐外重要使節，回國以後，無一不上了斷頭臺。大使如加拉罕（中、土）、索柯尼可夫（英）、拉可夫斯基（英、德）、鮑格莫洛夫（中）、尤倫涅夫（日）、達夫揚（波）；公使如雅古波維區（挪威）、迪克曼涅夫（丹麥）、貝克查甸（匈牙利）、布洛多夫斯基（拉克維亞）、艾斯麥斯（芬蘭），不僅自己都作了刀下鬼，因他們所連累的隨從出國人員，更不計其數。其尤甚者，則牽連及其妻兒。罪犯的妻兒，必被抄家破產，流落街頭，雖至親好友，也不敢理他們，或接濟他們，這真是慘絕人寰，史無前例。我說史達林一生的政治生活，充滿了「僭竊、謀殺、侵略」的行動，實還不夠深刻；只恐怕高爾基、屠格涅夫再世，也難形容得出來。

我在俄國這兩、三年，與這位梟雄，僅僅見過三次面：一是一九二七年，在俄共第十五屆大會中；二是他到孫逸仙大學來演講；三是在紅場群眾紀念大會上。俄共第十五屆大會，是在克里姆林宮的大會場舉行的，我和一群同學以旁聽的資格參加，坐在二樓的旁聽席位，距離主席臺相當的遠。在暗淡的燈光下，觀察並不十分清楚。只聽得有一些聲音從他那毛嘴裡發出來。聽眾和他的爪牙，擠滿了整個會場，卻是鴉雀無聲，儼然顯得很隆重的樣子。在紀念大會上所見到的史達林，那是在廣闊的紅場上，他驕傲的和一群扈從，站在列寧墓的頂上，相距太遠，所見到的更是模糊。只有在孫逸仙大學，才算是最接近的一次。這是一九二七年的秋冬之交。事前，學校發出「共產國際要人」將來本校講演的通知，同學們都自動預集於二門外。二門與大門之間，有一條相當長的甬道，甬道兩旁有類似花園的空曠地，足以容納很多人的駐足。這與其說是表示歡迎，無寧說是想爭先看看「那個怪物」。先到校的，是一些隨從特務人員，進大門就下了車，馬上分布於學校各處和禮堂的四周。史達林的汽車，便一直衝到二門才停，聚集在大門口的同學，則失了先睹的機會。他下了車，曾與最接近的幾個同學握握手，就一擁到了禮堂。他沒有休息，即開始演講。他老是穿著類似中山服的青灰色的列寧裝，沒有其他的裝飾。據俄國人說：他一生沒有穿過西服，出則列寧裝，入則工作服（類似西服襯衫，但不紮在褲腰內）。中等的個子很粗壯，方臉、寬額、眉粗、鼻大、唇厚、臉棕色、兩目強烈閃光。我們只要看到他那些濃密粗硬的鬍子和頭髮，馬上就會意識到中國舊小說中所描述的那些打家劫舍的寨主和草莽英雄，是一個陰險人物，而非善類。但是他的舉止態度，裝著非常文雅，手裡經常拿著一隻煙斗，不像一個老粗；說話溫和，並不顯得暴燥。與人接談和講演時，總是帶著皮動肉不動的笑容。不會看相的人，十九是要誤會他是一個和靄可親或謙虛的君子，很多人上了他的大當，或即因此。這時正是他與托洛斯基鬥爭的時候，演講的主題，正是對托氏思想的批評。一部分俄共聽了，自然很有興趣。而中國學生的想法，則實有見面不如聞名，見得面來不過爾爾之感！

一般傳說：史達林的私生活，是非常浪漫的。他四十左右（革命後），才正式結婚。過去因為窮，做工和流徙生活中，又是不容許他獲得家庭溫暖的。他為了解決性的苦悶，就和他搶劫銀行解決錢的目的一樣，常常不擇手段而為之。他結婚兩次，第一位太太，受不了他的虐待，卻有先見之明，早就和他分離了。隨後又娶一位年輕的太太，叫做愛利魯耶娃。兩人的政見，並不相投。史達林實施農業集體化，造成烏克蘭的大饑餓。一九三二年時，她因史達林無情屠殺與放逐烏克蘭移民，與史達林發生爭執。翌日，史達林就親自把她殺害了。隨即宣布她是病死，這是任何人都不敢相信的。據說他對性的要求很強，同僚和部屬太太乃至工廠裡的女工，凡入他眼認可的女人，他的鷹犬一定千方百計把她銜來獻給他。因之，他一杯水的女人，固然很多，而所謂情婦者，數亦不少。卡岡諾維齊，就是他情婦的兄弟。卡岡諾維齊同時也是他「桃花陣線」的布置人，後來則成了他政治陰謀的助手。所謂無產階級的領袖，物質享受，外表都是平民化，內則奢靡豪華淫亂，史達林則更有甚焉。仇英、反美是他的口頭禪；但史達林一切御用的供給，無不取自英、美的上等貨色。原已陳列到博物館裡去的沙皇御用之物，一九二七年以後，幾乎全部又回到克里姆林宮和他的別墅裡，供給他個人的享受。他是一個晝伏夜出的怪物，起居非常反常，工作時間是在下午四點至翌晨六點。

這樣一來，不但他左右服侍的人，要改變生活秩序，一切黨政要人和大小官員們，因為都要守著等待他的電話或召喚，也就不敢入睡。外國初到俄國去的官員們，白天到俄國機關接洽公事，常常找不著人，自然就有「蘇俄機關惡化腐化」的怨聲。其實他們的惡化腐化，這不過僅是最小的一端而已。

史達林自稱是「列寧的繼承者」，可是列寧的政治和私生活，卻全和他不同。關於這一點，史達林曾虛偽地表現了一點謙虛。如史達林請別人所寫的傳記原文有「史達林是今日的列寧」的字句。史達林則親自修改為「史達林是列寧的工作的有價值的繼承者，或者如黨內人士所說的，史達林是今日的列寧」。這種假託「黨內人士」的手法，不但不是謙遜，正是自吹自捧的加重。列寧有知，自不免要罵他一聲「小資產階級的虛榮毒素」（列寧慣用語）。共產集團中，對他曾有兩類代表性的論調：一類如中國郭沫若，令人作嘔的歌頌，稱他為「親愛的太陽」、「偉大的鋼」。一類如赫魯雪夫所稱：「史達林是一個極不信任任何人的人，病態的多疑的，……擁有無限制的權力，他……在精神上和實質上，悶塞著旁人。」其實，後一種說法雖接近真實，仍不如史達林自己所說的來得率直、深刻、痛快淋漓：「選擇好自己的目標，準備好打擊的方法，消雪了不共戴天的深仇大恨，……然後上床睡覺，……天下最快意的事，莫過於此。」（一九二三年夏，對加門涅夫、德茲德斯基的親切談話）這不但是他一生思想行為的自我坦白，也把蘊藏於其內心的「僭竊、謀殺、侵略」的陰謀，完全洩露出來了。後人如果要替這一代梟雄史達林畫像，這就是一個最好的依據。

# 階級專政到權歸一人

俄國十月革命以後，所謂「無產階級專政」，還經過一段很長時間的惡鬥，政權才歸隸於俄共中央執行委員會。到了史達林時代，權力又漸漸的轉變。中全會開會，越來越少；政治局開會，越來越多。一切決定，中全會既已權力波讓於前，等到聽取報告，惟有追認於後。厲階所漸，到了一九二五年以後，掌握了政治局的史達林，便成為「政由寧氏」的大獨裁，黨便降為「祭則寡人」的大滑稽了。「無產階級專政」，也就作了史達林招搖撞騙的招牌。

列寧之所以被人愛戴，是在階級專政上，由一人單獨領導一切的局面，始終沒有建立。而「權歸一人」的轉變，是在列寧中風以後，史達林和加門涅夫、齊諾維也夫兩個熱心有餘，才能不足的人，造成三人把持黨權的開始。列寧逝世前約一年，列寧的遺囑，認為「史達林粗魯，不宜擔任黨的總書記」。托洛斯基所領導的反對派，曾藉此攻擊史達林，史達林還說：「列寧逝世時，給他個人另有遺囑；但是祕密的。」同時，他把那張「不祕密」的遺囑也隱藏了，自己鋪好了一條「權歸一人」之路，到了一九二五年，俄共第十四次黨代表大會後，他便摒棄兩個庸碌的伙伴，總握了實權。

歷史上造成大權集中於政治局的局面，沒有基層力量，自然還不夠堅強。史達林卻發動一種削弱黨員權力的平行運動，以馴服全黨黨員。從此，俄共所謂「民主集中制」，便壽終正寢，黨章也成了空殼。政治局原建立於革命前夕，當時史達林僅名列第五末席。列寧病篤將死之際，史達林與加門涅夫、齊諾維也夫暗中勾結，排斥托洛斯基。右翼的布哈林，亦從而和之。托洛斯基的聲望，雖超過了他們幾個人，但獨力難對眾手，到一九二二年，史達林漸漸拿了總書記的實權。黨的組織人事權，雖已入於史達林的掌握，但黨中革命種子尚多，不易馴服。列寧剛死未久，史達林便乘機以繼承列寧遺志為號召，大量吸收新黨員，稱之為「列寧的徵召」，引進同類，排斥異己，並運用其總書記以控制人事要津。當時孫逸仙大學的「中共旅莫支部」，也發動了這一徵召運動，大多數中國國民黨黨籍的同學，看透了俄共之所欲所為，多未為所動。但俄共的新黨員，則急劇的增加，一九二四——二五兩年，增加幾近兩倍（一九二三年為三十八萬人）。羽翼既成，實力自厚，第十四次黨代表大會時，史達林便穩握了黨權的寶座。

史達林掌握權力的另一工具，便是「特務警察」。恐怖暴行、暗殺行為，列寧認為僅係暫時的手段，只能用之於非常狀態的決鬥關頭。他曾說：「斷頭臺，只有懾服之功，只能粉碎現行的反抗活動。只這個，是不夠的。」意謂政治運動，力服之外，還要理服。所以蘇俄內戰停息之後，這種恐怖手段，也幾乎完全停息。到了史達林時代，這種恐怖暴行，又復活起來了。這個組織，就是一般所稱之「切卡」或「革別烏」。由史達林親自直接掌握指揮的，另有一個「保密組」，是他個人的保安部，對黨內也是絕不公開的。對外的祕密警察，有兩個組織：一為「內政部」，一為「公安部」。這兩個組織，除接受和執行史達林特別命令外，負責政治局委員們在首都、旅途、集會等場合的保安。克里姆林宮外圍警察，也歸它管轄：檢查出入魔宮的行人、頒發謁見者的通行證。在克里姆林宮以內，每一座單獨的建築物，雖亦歸之管轄，唯一除外的，就是史達林個人的住所和辦公廳。關於這些地方的警衛，史達林對任何親信的人，都不敢信託。這個神聖的區域，則由他親自所指揮的「保密組」負責。保密組為這任務，也特別訓練了一營人在宮中。這營他認為忠誠有效率的隊伍，其權限之大，可以管著「內政部」和「保安部」的頭子。這些特務警察，一方保衛史達林的安全；一方執行史達林所給予的恐怖任務。他們有「先斬後奏」的生殺予奪之權在握，又誰敢有妄動「老虎」的念頭！加以中央監察委員會，察舉「分化份子」，早為史達林的爪牙所占，此時亦已「無不察舉」。一九二三年，史達林為除惡務盡，又明白指定選拔特務型鷹犬之輩，擴充其事，於是黨亦成了特務的天下。以「列寧徵召」引進同類；用特務和監察委員會排逐異己；一九二三—二四年之際，托派便完全失勢了。第十四次大會中，加門涅夫和齊諾維也夫，建議開除托氏黨籍。史達林猶假惺惺地起而反對，引弦不放，顧盼弄姿，亦可窺見奸雄的陰謀妙算。因為史達林雖實權在握，而托氏之革命舊勳，猶能煊赫動人，操之過激，自易引生反感。直到托洛斯基逃離虎口，遠走外國，史達林才決心發動清黨大血潮。然後異己盡誅，搜巢焚穴，不留噍類，連加門涅夫、齊諾維也夫、布哈林、拉狄克等，亦皆不免。這又是我們由俄回國以後的事。於是僅僅六年之內（一九一九—二五年），蘇俄共黨從盈庭謇諤的盛況，一變而為萬馬齊瘖的蕭索；從幾次將政策案提請大會公決，一變而為只准研究政策的執行，而不容過問政策的本身。這就是無產階級專政轉到權歸一人的實錄。

列寧當政，是靠他的聲望和才能來領導。史達林掌權，則專以「巧弄權術」來製造黨意和民意。如中央監察委員會的任務，為「察舉分化份子」，已經足夠羅織罪嫌了。史達林還要變本加厲，擴大察舉範圍，除見諸言論的罪行外，更須搜本窮源，上溯祖宗若干代，下及於乃子乃孫。禁遏罪行於未萌未發之際，調查人選，則指明拔用鷹犬型的特務人才。托派和布哈林右翼反對派，如此被其誅鋤淨盡，還不知造成了多少冤死鬼。黨成了御用的私黨，已不合乎「民主集中制」的原則。史達林則另創造一種組織理論：所謂「黨內無派，造成一石無縫的黨」。打垮托派，右翼反對派，便一推即倒。「黨成一石」，史達林主義，便成為不容質疑的定律；黨的政策，便成為不容非議的路線；領袖便成為聖明無訛的教主了。「得勢則主張極權，失勢則主張民主」，原是布爾塞維克黨內鬥爭時，一貫所討論的問題。列寧在革命以前，犯過這種矛盾；托洛斯基也終因此而進退失據；史達林明明走上這條路，則用自造寶座的「黨成一石論」，誅盡異己。所謂「一石論」，即強調「黨外無黨，黨內無派」的極權口號，在史達林的意識中，「黨即朕，朕即黨」的一石論。當時討論蘇俄問題的人，多以為極權觀念，是與列寧主義而俱來的，實不盡然。至於極權觀念之終於成立，列寧思想之為始作俑者，則又不可否認。而史達林「寧我殺人、毋人殺我」的思想與惡鬥，卻為最大的因素。

# 政治局側影

蘇俄革命後，經過不斷的黨內理論和權力鬥爭，到了一九二八年時，史達林打垮所有反對派的人物，造成所謂「黨成一石」（史達林的口號）的情勢以後，使蘇俄一般領袖們的地位，漸趨於穩定。也從此時開始，政治局（蘇俄實際決策的最高機構）的官員，亦極少變動。只有一個毫未表露政治才能二等人物的伏斯涅森斯基，後來撤了職，也馬上被人遺忘了。

原來自史達林掌握大權以後，所有政治局的官員，處處表現出他們是個有效能的組織。因為這些官員，都是史達林經過多年的留心考察選拔出來的，而他們也沒有辜負史達林的期望。他們中間，從來沒有一個人，敢隸屬於任何非史達林的小組織，自然更不敢與托洛斯基派的殘餘勾搭。他們的高陞與遷調，都是隨著史達林的意旨；他們的政治生命，也全繫於史達林一人的恩惠。但是他們的年齡都不輕，平均約為五十八歲。這在當時全世界所有的政府中，蘇俄政府執政者的年齡，可說算是最老的。後來托洛斯基流亡在外國時，常指責蘇俄政府為「昏庸老朽」的政府，亦不能謂為無因。

蘇俄一切權力，集中於史達林以後，一般二三流的領袖們，自然亦步亦趨。有意或無意中，總在舉止上、言語上，甚至衣著儀表上，都儘量的模仿史達林。如史達林是牙刷式的鬍子，他們也把鬍子修剪成為牙刷形；史達林口不離煙斗，弄得莫斯科商店的煙斗，為之聲價十倍；史達林穿工人裝（不是列寧裝），一向不愛扣領扣，不扣領扣，就成了風氣。而且他們之間的相似，不僅限於外表，內在也和史達林一樣，所以他們中間，沒有一個有傑出的學識或個性（以史達林個性為個性）的。因之，政治局自托洛斯基和布哈林等被摒除以後，簡直沒有一個有創造性的思想家、出色的理論家，或有才能的作家。政治局後來出現一個稍露鋒芒的人物日丹諾夫，不久也被史達林把他壓服了（此人於一九四八年終被整肅）。這原因，是由於史達林不能容忍任何一個幕僚，在才能智慧上超過於他，或者能引起別人的注意，或能博得黨眾的景仰。在一個知識平庸的人之下，全體都只好是知識平庸的人。故史達林的主要幹部，都只是一些史達林意志思想的行動者、苦幹者、組織者、護衛者、行政人才和無情的工頭。當時西方國家的人士，曾有很多機會觀察過莫洛托夫（曾任駐外大使和人民外交委員）。外國報紙所指出莫洛托夫的特點：「沒有頭腦、政治手法固執、冷酷無情；但孜孜不息苦幹。」這些特點，實際並非莫洛托夫所獨有，正是刻劃著蘇俄當時一般領袖的類型。

蘇俄政治局的委員，在史達林時代，是很少變動的，縱有撤職和去世的（像加里寧、日丹諾夫、西赤巴柯夫等），也早經史達林鑑定有繼承人，隨時補上。同時另一批新人，也隨著上升，準備將來升到這最高機構來。如許基里托夫、波斯柏洛夫、波諾馬倫科、波波夫、蘇斯羅夫，都是新人。他們雖是史達林的親信，但不次的超升，則大出人意料之外。最奇怪的是，這些人並不是政治局的委員，卻常與政治局十二名委員和幾名候補委員在一塊，並拿著蘇維埃的一切權力；但他們之間的階級和實際勢力的差別，又是很大的。政治局中，大多數委員的活動，只限於各人自己的特殊範圍，僅有史達林選出來的一小部分人，才足以代表真正的決策者。這個決策小組，實際是不露面的，它卻成了政治局中的政治局，原來的政治局，則成了實際商品上的廣告。這個內圍的決策小組，包括史達林、卡岡諾維齊、日丹諾夫、莫洛托夫、伏羅希洛夫、貝利亞、馬倫可夫等人。這個非正式而實權在握的團體，在克里姆林宮中的辦公室，與史達林的書房是相通連的。他們也不異是史達林的顧問，蘇俄對內對外一切陰謀活動，都是由這個「太上」政府所製造發動出來的，原來的政治局委員，還得要背黑鍋。

這個「影子政府」的歷史，仍不免充滿著私人之間的摩擦。而這些摩擦，實際都染上了政治色彩，成為政治的意見不同。雖沒有一個人敢違背史達林的意見，而他們彼此間的關係，卻大受影響。政治局這一小撮人中，這種矛盾不和，顯得特別劇烈，每個政治局的委員，都認為自己將是史達林最適當的繼承人，只有自己才配穿史達林遺下來的「龍袍」。當時的史達林，正是年富力強，野心勃勃的時代，而幻想的西方國家的領袖，卻把世界得救的希望，完全寄望於史達林的死亡；蘇俄的人民和反史達林派的人士，夢想著人民要活下去，也在咒罵著史達林早日歸天。其實，圍繞著史達林左右的高級大員們，對於他的死亡，渴望得比任何人都要急切！無疑的，在這些精神充沛的野心份子之中，恐怕每個人都已隨時準備好了行動計劃，只等他「可愛的領袖」一旦魂魄升空，就會立刻動手。不幸的，史達林竟然不死，一直活到一九五三年。

政治局中的摩擦，外界是不會瞭解真相的，只是一些捕風捉影的看法。但這些不和、陰謀、摩擦的重要性，外界又常不免估計過高。在當時，實無所謂什麼馬倫可夫、或日丹諾夫、或卡岡諾維齊、或莫洛托夫的政策與路線，史達林的政策路線，才是唯一存在的政策路線。有人說史達林是「政治局的囚徒」；也有人說史達林是「群魔傀儡」；簡直是很可笑的。這種說法，和相信「蘇維埃最高組織中，存在著小派別，在反史達林路線」，是一樣的可笑。史達林一生，絕不容許任何反對的意見，而且他有不受任何限制的權力，直到他死，都是如此。政治局的委員們，時常開會，都不過是通過和執行最高領袖的決策。不過，萬一有新的大問題發生，政治局內部也會有不同的意見；但這時的史達林，則噤若寒蟬，垂頭默思，容許他的僚屬們各抒己見。但當他認為自己已經把問題看透了時，他的發言，就成為任何理由都不可推翻或修改的「聖旨」，這也就是「政治局民主」之一。

史達林的特殊地位，不僅表現在政治局，在他親自主持的另一個機構的具體行為上，更明白地看得出來。這機構就是「中央委員會特別組」，由他親自遴選的四百名忠實人員所組成，比中央委員會還大。這機構受史達林親自指揮，成為他個人統治整個蘇維埃政權的工具。特別組中，更分為若干個分部，分別辦理外交、工業、農業、軍事、國際貿易、保密等等事務。其中有「保密組」，還是史達林個人的保安部，直接受他的指揮。所有一切討論、決定，也只是史達林「閒話一句」，便左右了國內和世界大局。而所謂「民主」，無非是政治局的翻版而已，且把中央委員會踩進了泥坑。所以蘇俄人民和國際人士，每聽到「政治局」這名詞，便不期然而然的有一種神秘感和恐怖感。

# 第二代的名流

我這裡所說的「蘇俄第二代的名流」，是指二十年代，史達林掌握蘇俄大權前後，他所培養出來的新貴黨政幹部，有別於革命前和參加過十月革命時代的人物來講的。也就是說，在革命後所大量播植，在大混亂中表面上被毀壞過的種子，仍然根深蒂固，到蘇俄完全肅清白俄對抗，開始恢復常態之時，這些種子，又伸出芽苗來了。其中最具代表性的，就是一些新貴的「名流」。

這些新貴的「名流」們，對於生活本身抱持輕鬆的態度：男男女女對於那些原始官能上快感的追求，他們在辦公室裡死幹苦幹，一到辦公室外，就拼命尋快樂、找刺激、放縱到極點，而毫無所顧及。其次，他們根本沒有適可而止和節約的觀念，只貪圖目前奢靡享受，且認一切應該由蘇維埃國家供給，是理所當然的信念。再次，還有「名流」中的效忠者與不忠者之間的強烈對比，效忠份子，得到高度享受，而且被鼓勵去享受，更不受到特務警察的任何干擾；不忠的份子，階級地位、銜頭名號，都要大打折扣，不但沒有舒適的生活享受，甚至個人本身的自由，隨時隨刻都有被剝奪得精光的威脅。

蘇俄十月革命的初期，「名流」中仍以革命的第一代人數為最多；列寧將死之前，史達林為謀奪繼承大權，便極力培養布置其爪牙，年輕的第二代，就迅速地取他們而代之。第一代的人，不是死、不是充軍邊地，便多打進了冷宮或監牢。從此蘇維埃的國家機構中，一切重要位置上，多換上一些年輕的新的面孔。他們和他們的先驅者不同，因為他們是真正或半邊蘇維埃國家的兒女。

第二代「名流」的得勢，是革命後最重要發展之一。這一代人的幼年時代，都比他們前一代過得舒服；他們的習慣，比較起來沒有上一代那麼硬棒和原始性；他們的儀態，也比那些石匠、木工、農民、工人、囚犯的前輩文雅得多。當他們的父兄在革命時稍有地位之後，便都生起一種野心：就是為他們的兒女們，準備好比他們自己所經歷過的還要好的生活方式，絕不讓他們的兒女們，降低到那些光榮而實質可憐的「工農隊伍」裡去。這些男女孩子，都有特權進專科、上大學，學會了許多馬、列、史主義以外的東西。於是一道深深的鴻溝，便在舊知識份子與新知識份子之間阻隔著。雖然在政治立場上，倚老賣老的舊知識份子，沒有以身投靠的新知識份子那麼可靠；但在知識、見解、行為上，他們都遠勝過新知識份子。二十年代，史達林為要縮小這道鴻溝，終於開始採取了整肅舊知識份子的政策，雷厲風行，新知識份子——第二代名流，就此抬起了頭。

第二代名流，大都是狂妄自大，不可一世的人物。在他們看來，建立一個「蘇維埃國家」，並不是一個了不起的成就。有如水寒要結冰，吃了麵包要拉屎，是理所當然的應有的東西，並不足以使他們感動或覺得驕傲。第二代的名流，大都是忠於蘇維埃政權的，可是「忠心」和「信仰」之間，又有很大距離。傾向著大斯拉夫民族主義和國家主義；漠視著共產主義、國際主義的信仰。第一代的名流，對共產和國際主義的信仰，簡直到了盲目的程度；第二代的名流，只知盲目的「效忠」，效忠於史達林大斯拉夫主義。他們認為只要所有的事務，機械似的發動著不停，輪子就會轉動，人民就會服從，領袖的巨星，就會照耀中天，沒有人會提出任何問題來。而「忠心」就可以使一切事情都順利。但盲目的效忠，蘇維埃國家又缺乏了正確性的領導，危機究竟是不可免的，二十年代以後的歷史，就有了證明。

因為政治上的忠心，和私人的友誼是一樣，要在逆流中才能考驗得出來，所謂「疾風知勁草，患難見交情」。一旦政治上出現了矛盾，或世界大局發展上有了任何失利，馬上就會戳穿蘇俄領袖「聖明」所謂「萬無一失」的「靈氣」。這樣一來，表面上的「效忠」和一致團結，便要終結。於是以前公認無可避免的東西——特務警察、逮捕、整肅、屠殺、強迫勞動、集中營、奴工營、重整軍備、第五縱隊，以及政府一切政策，都會被激烈的提出討論，受到批評、攻擊。政治與經濟上的失敗，一定引起意見的分歧，政治的分裂、召致新的權力的鬥爭，從史達林開始，已經層出不窮的出現於蘇俄歷史。

後浪推前浪，一代繼承一代，在這種過程中，共產黨所謂「社會上層組織」的可靠性，就要受到嚴重的考驗。誠然，蘇俄上層組織之中，絕大多數是共產黨員，並且都曾宣誓：遵守紀律，服從領袖。可之後第二代的共產黨人，卻全喪失了第一代人的共產黨的面目，戴上了另一種新的面具。這是新的趨勢，現在還在醞釀。

# 微妙複雜的鬥爭藝術

當我們達到莫斯科之年，正是俄國共產黨內部鬥爭如火如荼之年。我們原以為只有共產革命尚未成功的國家，才有鬥爭，沒想到革命已經成功的蘇俄，鬥爭比任何國家還要厲害。這一點，給我們瞭解最深，也使我們青年學生，最為驚心動魄。我們由此也才完全知道：鬥爭對於蘇俄，不僅起了消極作用，更起了積極作用。在其所有活動方式中，已成了一種極複雜微妙的藝術。執行任何一項任務、完成任何一個計劃、實現任何一項權力，照我們看來，實在不必採用鬥爭方式的地方，他們也無不以鬥爭的精神和方式出現。

他們的鬥爭性，主要的表現，在黨內鬥上。他們鬥爭之多，舉世聞名，從俄共有史以來就沒有一天停止過。一九二六年以前，他們的歷史中，已有不斷的記載。後此，則都是我們所親歷目睹的。一九二六年時，正是史達林鬥爭托派和右翼布哈林的時候。史達林為擴大這種鬥爭，還特別強調鬥爭理論，以遂其獲得大權的目的。是年四月間，他對孫大學生演講，曾說：「有人以為俄國人嗜好鬥爭，喜歡爭辯，愛鬧意見，所以他們黨的發展，就需要征服黨內的矛盾，這是不對的。問題不在於嗜好鬥爭，是在黨內存在著原則上的分歧。」所謂「原則上的分歧」，是如何造成的？史達林卻沒有想想：純粹是他一個人「獨排眾見，一意孤行」所造成的。他只固執著「我的原則，必須打倒那個原則」，便是他嗜好黨內鬥爭的理由。史達林雖說：「鬥爭只限於原則性的問題，某些不涉及原則性的實際問題，是可以妥協的。」然而原則性的與實際性的具體區別，又在那裡呢？事實上，每個共產份子，無不相沿成習，往往把該妥協的實際問題，「提高」到原則性的程度來解決，於是遇事、遇人、遇物、遇權，都非鬥爭不可了。

史達林常說：「鬥爭與教育，是共產黨內思想教育的一事的兩面。」所以鬥爭經常所用的方式，是批評與自我檢討（坦白），擴大一點的，是「定期」清黨。這種鬥爭與教育的方式，在「孫大」所實施的情形，我在「共產黨訓練黨員的方式」一節中，已經說得很多。不過「定期清黨」，當時卻沒有實現於中國共黨學生中，因為這是太扞格難行的事，俄共也不會答允。批評、坦白制度，在俄共黨員之中，每週至少有一兩次。而定期清黨制度，俄共的小清，是常常有的。大清則有一九二〇年的新登記、一九二一年的清黨、一九二四年的清洗非生產支部。我們到莫斯科那年（一九二五年），則正在審查農村支部。以後一九二七－三九年，十三年之間，大清黨共有過六次。這一連串的清黨，被清除出黨的，實際都是反史達林的份子和不知不覺的附和者。他們清黨，雖也規定了幾項標準；但每項標準的涵義，都很籠統，可以羅織引申得異常廣闊。因之，被株連的人數，也就沒有止境，弄得人人自危、個個不安。聯共經過幾次的大清黨，上自與列寧並肩革命的先輩元勳人物，下至普通的工農黨員，不問過去對革命有過多大功勳，只要合於標準或能羅織牽連者，便無一可以倖免。惟有神聖不可侵犯的史達林，沒有人敢吹動他一根汗毛。我還記得，史達林整肅革命先輩，對布哈林、拉狄克等人下毒手時，北歐的報紙，曾刊出一幅漫畫，畫著列寧從棺材裡伸出頭部和雙手，鼓掌大笑。畫旁說明文字是：「幸虧我死得早。」這幅漫畫，我認為最能描繪出史達林清黨運動的神髓和藝術。

史達林不斷的清黨整肅，在局外人看來，總以為這是他黨內分裂的微兆，也是他的統治未臻鞏固的證明。但史達林的看法，卻不如此。他認為清黨鬥爭，不但不會削弱團結，反能鞏固團結。因之，也把鬥爭運用到一切活動方面，權力之爭，固要用它；不論決定一個方針、推行一項計劃、執行一項命令，都能說成為「鬥爭」。一切的一切，都是為了鬥爭。他認為鬥爭不僅是一個抽象的名詞、一句口頭禪，實代表了「集中力量，爭取時效，克服困難」這些實際內容的一種「突擊運動」。這種突擊運動，同時也成了俄共普遍的經常的工作方式。如幾個「五年計劃」的完成、「史塔罕諾夫運動」的奇跡，都是採取了這種方式。

以鬥爭精神和方式來進行工作，我們是不反對的。但在蘇俄所發生的特殊作用，卻有積極與消極的兩面：前者，可使進行的工作保證或提早完成；後者，卻使每個人弄得精疲力竭，無暇過問史達林的陰謀作為。這種緊張不斷的鬥爭生活，經時過久，自然會疲憊鬆懈。如果發生了這種現象，他又可利用另一種鬥爭武器——思想鬥爭，對它進行鬥爭。以新的鬥爭代替舊的鬥爭，循環交互鬥爭，就可使其鬥爭走到無窮。史達林如此複雜微妙的鬥爭哲學，說它具有一種藝術性，實不算過。

# 共產主義的新宗教

俄羅斯自建國以來，即奉希臘教為國教。在寒冷貧苦的地帶，國民沉悶無聊，亦是一種最大的安慰力量。俄國人民，受了幾百年的宗教薰染，一般人都相信神的存在，靈魂不滅的。這令人迷惑的俄羅斯，忽然會產生唯物主義的革命，自然是一件奇怪的事。布爾塞維克（即俄共）革命後，本著唯物觀點，視宗教為封建遺瘤、阻止進步的核心。用高壓的權力，打倒宗教，原是毫不費力的。革命後雖燬滅了很多教堂，革除了一些宗教儀式和作法；可是它的本質，依然是存在的。當我們踏進俄羅斯的領土，西伯利亞的沿途，莫斯科、列寧格勒、基輔、所有大小城鎮，乃至小市村莊，無處不有上面豎著十字架尖頂或圓頭的教堂存在。每逢禮拜或神的節日，走向教堂禮拜的人，仍是絡繹不絕。孫逸仙大學對面的莫斯科河畔，正有一所莫斯科最大最富麗堂皇的教堂。禮拜天，信徒不僅塞滿了教堂，連教堂外面的廣場上，也是千萬蟻集。好奇的同學，也常常鑽雜其中，一窺究竟。他們的神化儀式，花樣亦特別的多。平時走到馬路上，一聞教堂鐘聲或碰上不幸的事件，作手式劃十字架的人，亦是遍地皆是。這種宗教潛力，是俄羅斯幾百年傳統下來的結晶，絕非一時之力可能斷絕的。布爾塞維克「反宗教」的宣傳和作法，十年功夫，等於白費，乃為客觀的事實。

蘇俄不僅舊宗教不易廢除，而「共產主義的新宗教」，亦隨著革命的開始而誕生。俄羅斯的人民，經過幾年大戰和饑餓的痛苦，共產主義的宣傳，曾允許他們將來有幸福的生活。以前資本主義世界常見的不平等、不快樂、卑鄙惡濁的事情，都會消滅。這一宣傳號召，是動聽的、誘惑的，當時確是收得了預期效果，共產主義亦得到群眾忠誠的全副精神的幫助。但是他們那種「要男男女女放棄世上暫時的安樂，滿足，以求他們認為永遠能得救」的言論，實和宗教傳道的說法，並無異樣。宗教懸示著天堂、樂土，讓信徒去追求；共產主義則懸著天上的饅頭，使人民可望而不可即。年年過去，十年的時間，仍不算短，到今天，更是半個世紀了！可是天上的饅頭，愈望愈遠，早已墜入五里霧中去了。

這種新宗教的作用和前途，也就可以想像了。然而，從另一方面來看，宗教與共產主義的外表，二者是很相對而又有用。像許多有廣大社會性的運動，尤其是以少數富有組織的有錢的團體所支配的運動一樣，共產主義者，宣播他們的教義，激勵一般人以宗教的熱心。這種熱心真可與早年的基督徒相比擬。共產主義者，表示武俠的精神，對於不肯信從的人，絲毫不能容忍，這事情也可與宗教鬥爭最顯著的例子相比擬。共產主義者，以非常殘酷的手段，責罰黨內黨外的異端份子，這事情很像天主教的異教徒裁判所。雖然二者的作法目的不同，共產黨處置反對派份子時，是照世俗的方法；異教徒裁判所的最後目的，是要拯救那受死罪者的靈魂。像上帝的命令一樣，共產黨要給黨員以嚴厲的訓練，不但要支配他們的生活行動，而且也要支配他們的精神思想。這種種地方，無疑地，共產主義與宗教是無別的。

有一件更重要的事實，尤表明共產主義與宗教關係的密切。這就是共產黨所已經發起的真正的宗教的崇拜。把列寧視為神聖的東西，威靈赫赫，有求必應的偶像。在莫斯科「紅場」的列寧墓前，經常有人等了幾個鐘頭，才得一見列寧的遺容。這般遊客的動機，是否像革命前俄國農民一樣，旅行了幾百里路程，去參觀古寺的聖像，或者像世界教徒，不遠數千萬里到耶路撒冷去朝聖一樣呢？大家要記得：蘇俄沒有什麼電影明星、歌王、世界運動會上的冠軍。普通人民的生活，都是帶著灰色的。

所謂「列寧禮讚」（列寧祭、列寧室、列寧紀念等），更含有十分濃厚的宗教色彩。列寧的遺著，對於共產主義者有至高至上的權威，也自不用說。一切理論的討論，既全靠列寧的解釋作結論，共產黨的領袖演講和著作裡，也非引證列寧的言論，不足以昭信實而表現真理。列寧遺教的一點一滴，都有列寧格勒「列寧學院」的主義專家，以宗教的熱心來搜集、研究、註釋。這整個精神，和討論的外表形式，分明是帶有宗教的意味，而且像爭論宗教的教義一樣。共產黨對這種舉動，絲毫不能容忍而又很嚴厲。要證明什麼東西，只須說列寧曾有這意思，一言之證，就可抵擋十萬大軍。假如誤釋了列寧的意義，便犯著異端邪說之罪，結果非處死，也得坐牢十年八年。在共產黨的討論裡，從來沒說過列寧有什麼錯誤，或者不能預見未來的發展。他的著作，是一切靈感的來源，任何新的政治情形，都以他的著作為最可靠，為百無一失的嚮導。他的地位，超過了馬克思和恩格斯，超過了俄羅斯列列遠祖諸宗，駕凌耶穌上帝之上。因為他是現世界和未來世界先知先覺的「精靈之靈」，他是惟一的真理的源泉。這樣許多討論蘇俄情形的人，指共產主義為一種新宗教，豈能算錯！

# 共產黨專吹肥皂泡

狂妄、誇大、虛偽、欺騙，在俄國共產黨中，似乎已成了習慣，或者是他們獨具的幾種特性。但很多誇張過當，實屬令人冷齒。譬如俄國革命以後，才開始他們的工業革命，而共產黨人，卻把一百多年以前，歐洲工業革命後的一切發明，都掠人之美，認為是蘇俄所發明的。孫逸仙大學，有一個西方史的教授哈令斯基，當時不過三十多歲，常自吹是老布爾塞維克（即共產黨），十句話中，總有一句「我們老布爾塞維克」，因之孫大的同學，不舉其名，即常以「老布爾塞維克」稱之。他對我們同學，能夠厚顏的說：「新大陸的發現，俄國人原在哥倫布之先，只因俄羅斯『沒有領土野心』（用史達林語）所以沒有去開發。」我們這班天真的同學，倒有點不好意思去反駁他。他差一點沒有把馬克思、恩格斯拉來作俄國人，真還算有點知道「自慚形穢」。可是這個「自詡淵博」的傢伙，常常說得離經叛道太遠，同學們也漸漸地討厭他。有一次，一個頑皮的高同學，渾名叫做「小把戲」，曾當面取笑他說：「老布爾塞維克，蘇聯的母雞，沒有公雞，也會下蛋嗎？」他卻啞口無言，不知所答。

俄國像這樣愛吹肥皂泡的人，當然不止一個哈令斯基，一般共產黨人，多半都有這種毛病。共產黨的宣傳，縱然一切附庸國家的人民，須和俄國人民一樣，要遵守克里姆林宮所制定的規律而生活，但對文化事業，蘇俄卻完全享有自由的特權。事實上，即一切教育與新聞均要受莫斯科的控制，藝術與學科，也都要嚴格符合克里姆林宮內共黨中央委員會所指示的型式。蘇維埃的知識份子，不論俄國人與非俄國人都一樣，只能製作克里姆林宮所指示的出品。莫斯科指示藝術家與著作家，專門注重共產黨的論題，要把蘇俄吹成為世界文化的中心。蘇俄的藝術、音樂與文學，都必須奉為標準，藉以衡量全世界一切其他的藝術、音樂與文藝。科學與文化領域內的偉大成就，必須強調認為是俄國人的成就。這樣一來，俄國共產黨自己既需要吹肥皂泡，一切附庸國家也不得不跟著來吹肥皂泡。於是共產世界，自然就成了狂妄、誇大、虛偽、欺騙，吹肥皂泡的世界了。

事實上，克里姆林宮和其附庸國家得知者，除了俄國所創製者外，卻沒有其他偉大的科學與文化創作。五十年來如一日，故我依然。他們雖是太監的東西（沒有），但肥皂泡卻不能不吹。今日克里姆林宮諸酋，誇稱曾經發現或發明從南極以原子能噴射推進著任何事物，都駕過美國之上，世無可匹。根據他們一貫誇張宣傳：所有電話、電燈、無線電、電影、電視、飛機、輪船汽機、潛艇、內燃機關、掃雷器、魚雷艇等，一切都是俄國科學家的創作，一切由俄國科學家領先，繼續創發，因而太空火箭、洲際飛彈、人造衛星等，俄國即無一不居世界的先鋒。

現在俄共愛吹肥皂泡，當已為世界人士所瞭解。可是早在四十年之前，我們就常聽到俄國共產黨人說：飛行之父，是俄國人莫柴斯基．亞歷山大。他在一八七五年，曾將俄國創製發動機推進式飛機的設計，登記了專利權。這時候，是在萊特氏兄弟駕駛其飛機，前往美洲的二十五年之前。莫柴斯基的飛機，係由俄人哥魯貝夫氏所駕駛，因此莫柴斯基便是世界上第一個飛行者，其升空的時期，又在萊特氏兄弟初次離地之二十多年以前。這種說法，在世界任何國家文史中，都找不出紀錄來對證的。而這種無稽之談，後來蘇聯《真理報》宣傳，竟指為「真的故事」，並刊載在後來出版的《百科全書》上面，而毫不以為羞。

莫斯科炮科專門學校一位兵器教官（忘其名），是一個類似神經病的人物，也愛吹肥皂泡。他曾說：汽機為一個名叫蒲爾頓諾夫．伊凡的俄國人所發明，而不是福特氏所發明。他還說：第一輛蒸汽機關車，也是在俄國領土上行走的。全部的現代交通系統，都是俄國科學家發明的。資本主義的摩爾士、馬可尼、貝爾諸人，都是盜竊俄國人的發明，據為己有。他並且說：世界上第一輛腳踏車，創製於烏克蘭，遠在任何人想念到這種車輛之前許多年。至於航海的發展，俄國人也領導了全世界，他們發明汽機、內燃機關船，以及電力船。俄國的設計者，曾造成第一艘潛水艇，在賀蘭氏所造的十年以前。俄國這一艘潛水艇，並且還有一個俄國的先驅者，那就是哥薩克人於中世紀所造的水底船舶，作為對土耳其作戰的利器。第一艘破冰船、第一艘裝甲巡洋艦、第一艘網漁船、第一艘魚雷艇、以及第一艘掃雷艦，都是俄國軍事工業家，為俄國海軍使用而最先發明的。世界上第一個油井，係一個俄國人所開鑽，此後用以開鑽油井及鍊油的設備，無一不是俄國所創作。這一類的誇大傳說，不知道有多少。後來的蘇維埃政府，都居然「以假當真」，並在報紙雜誌上發表出來。想本著「眾口鑠金」的辦法，來歪曲歷史的事實。但是稍有常識的，無論俄國人或外國人，都無不付之一笑。

共產黨把世界所有發明創造，都吹成蘇俄「第一」之後，也不顧及肥皂泡馬上會破裂的事實，克里姆林宮竟命令「蘇聯科學院」把這些「第一」的事物，編列成書。一九二六年時，據說已有十大巨冊。現在聞已有二十二冊之多。關於優先發明的新事物，在俄國報紙、雜誌、廣播上，幾乎逐日都有公布，以供給他們或附庸國家，作為吹肥皂泡的資料，也是我們所常能看到聽到的事。

鐵幕以外的人士，對於共產黨的誇大、欺騙，現在都已明白這是他們冷戰手法之一。假使鐵幕以外的人士，一定要追問：「蘇俄過去這許多發明創造，何以到今天才發表於世？」

關於這點，他們的答解，正和其他的事物一樣，把責任罪過，完全歸之於沙皇政府或資本家。孫大西方史教授哈令斯基，曾在答覆我們同學的問題時，就有如是的說法：「全世界所以至今才知道俄國發明了從汽機至飛機的一切事物，都是因為沙皇隱匿了事實以取悅於資本家。沙皇們不僅不獎勵科學與保護俄國人對這種種發明的優先權，而且不肯利用這些發明，以福利俄國人民。因之俄國才有革命運動發生。」這種解釋，既非常不近情理，而且是非常矛盾的。他們一面指出沙皇政府為專制者，以致人民一切發明創造都被壓抑；一面指出過去俄國人許多發明創造與應用，都是在沙皇政權之下產生的（並沒指出是在蘇維埃政權之下）。如此弄巧反拙，其為虛偽、欺騙，也就不打自招了。

共產黨之愛吹肥皂泡，不僅在發明創造方面。今日對政治、經濟、文化各方面，無一不如是。他們認為「俄文將為今後世界第一種通行的語文」。孫大當局，鼓勵我們同學努力學習俄文，就常拿這口號來號召。因之，附庸於蘇俄的國家，所有學校，都必須教授俄國語文。今日中國大陸的情形，就是一個榜樣。我們在孫大時，常常可以聽到共產黨人兩句重要的話：一是俄國獨力能把蒙古人、拿破崙及帝國主義，逐出俄國的領土；一是俄國人在技術上與其他成就上，無不領導世界。然而歷史所傳和我們當時所瞭解的事實是：第一、蒙古統治俄國兩百多年，終以活力喪失，自動放棄了莫斯科；拿破崙的軍隊，是因不慣於冰凍生活，而自動撤退的。第二、俄國革命後，列寧所定發展國內經濟的政策，決定與資本主義國家妥協，目的是要仰賴外援，利用外國的工程技術人員和機器。所以他們說的話和所做的事情，正是恰恰相反。依照克里姆林宮的命令，蘇維埃的優越性，甚至推廣到體育運動的範圍。附庸國的運動隊，必須尊重與敬仰蘇俄的代表，處處都要讓幾分，競賽時，只能負而不可勝。否則，便有違抗命令之嫌。二十年前（一九四九年九月）捷克足球隊，因此受了公開譴責，就是證明。如與其他國家球隊競賽時，輸了則施行橫蠻手段，反嫁誣對方不守規則。更下流的，出國的運動員偷竊東西，已成了國際運動史上的笑柄。這可資證明的故事，前幾年就發生於美國。所謂蘇維埃的「優越性」，原來就是如此。肥皂泡影，原是小孩們的玩意兒，共產黨人竟以此作為與國際冷戰的手法，其為愚昧無知，可謂至矣盡矣。

# 所謂勞工的天堂

蘇俄自稱是一個「工人無產階級的國家」。推詳這稱號的意義來說：這國家就是工人階級自感的國家。無論什麼東西都是一樣，凡是屬於「自己的」，則彼此之間，一定有一種至高無上的情切與愛護心理，有充分自由和絕對支配的權利。換一句話說：工人在「自己的」國家裡，自己的生活，即能隨心所欲，支配國家，而不受國家的支配。蘇聯的工人，能如是嗎？必是很多人所關心的問題。可是我們真慚愧得很，對於蘇俄工人真實生活的情況，所瞭解的並不多，正和對它的神祕政治和其他的事一樣。這或許是因「不知廬山真面目，只緣身在此山中」的緣故。次則，我們平日接觸工廠負責人與工人的機會很少，即令參觀過不少的工廠，但這些工廠，都是蘇維埃政府事先已安排布置，專供外國人來賞鑑的；能與我接近來談話的工人，也是經過共產黨特別訓練，用來應付一般高貴的遊客的。所以平常一個旅行家或考察家，對蘇俄工廠情形和勞工生活狀況所能瞭解的，也只限於此而已。其為表面而非實際，即可想而知。其真實的一面，僅有偶與一般俄國人談話時，「有問不答」或「欲言又止」的神態中，可以推想得一點出來。再則，我們在夏季避暑的時候，和那些天真的紗廠女工，自由談話，或在兩情繾綣，得意忘形的場合中，會流露一些出來；但也只是零零碎碎的而不具體。今日自由世界，對於蘇俄各方面，算是比較有了一些認識，這認識，也不過是這零零碎碎的見聞所集合而已。鐵幕內一切之不易認識，無一不是如此。

每一個蘇俄的工人，都有蘇維埃政府所頒發的三種證明文件：一本國民身分證、一本工作簿、一本工資簿。這些文件，因使蘇維埃政府對於每一個工人的遷徙與行動，均有絕對的控制權。工人在未得到當地蘇維埃就其身分證上蓋印以前，在國內絕不能由甲地遷至乙地。在沒有提出工作簿與工資簿之前，也絕不可能變換其職業；這些簿子中，把他本身的一切和生產量都記載著。這兩種簿子，原是扣留在主管的官員手裡。因之，這些官員可以羈絆每一工人，在他不願意的工作上，也可以隨便遣調工人，到不適宜的地方與不適當的工作。所謂「遷徙自由」、「選擇工作自由」，蘇聯工人不僅今日沒有，早在一九二五年之前，就已經完全失掉了。

就是工人的子女，即共產黨所稱的「勞動後備軍」，幼小的年齡，他們的命運，正和他們的父母一樣，也無情的被徵入到勞動隊伍裡去。勞動後備軍的幼工，也與其他特別學校的畢業生一樣，都必須為蘇維埃工作若干時間，不過所任的工作，政府是另有規定的。共產黨經常宣傳，工廠有托兒所、幼稚園、子弟學校和種種福利設備。也並不是沒有，但只有規定接受參觀的地方，才能發現，而且只是「聾子的耳朵」，不作實用的。有了這些特別設備而無實用的地方，共產黨即常以此代表性、裝飾性的東西，欺騙參觀的外國人，並誇揚一般工廠無一不是如此。接著便把蘇俄吹成為「勞工的天堂」。我們住在俄國幾年，首先也不知道這是他們「故弄玄虛」；但時間久了，才知其言而無實，馬腳便完全暴露出來了。因之，後來對於共產黨任何巧妙的宣傳，即無處不以「存疑」的態度處之。結果，即「真也當了假」，又未免是共產黨「過甚其詞」的失敗。

任何國家的工人，都知道「工會」可作「團體協約」交涉；也知道團體交涉，是工人與統治者間的交涉，使工人們對於工資，工時與其他工作條件之決定，具有發言之權。可是，蘇俄工會之所謂團體交涉，卻完全不是這回事。蘇俄工會勢力之大，實為任何國家所不及（不包括其他共產國家）；但它的組織和存在，並不是為著工人的利益，完全是為著統治者的利益，這也是異乎任何國家的地方。蘇俄工會的目標，只在訓練工人，以馬列主義替他們來洗腦，保證工人實現統治者所定的生產標準，並督促工人達成更大的生產率。工會為要表現自己的功勳，便無情的鞭策勞工，日夜不休的去工作。這樣，工會則反成了壓搾勞工的工具。

所以我們每與蘇俄工人談到工會問題時，他或她們似乎都有一種輕鄙態度，甚至作出怪模怪樣，形容工會正像屠夫一樣。

蘇俄所謂團體交涉，從不討論到有關工人的福利問題。只是要求管理部門與工會協議，確確實實「保證生產目標之實現」。故在其他國家成為工會活動之中心問題——工資與工時的團體交涉，在蘇俄卻不存在。原因是俄國工人的工資律與工作條件，都是由蘇維埃政府御定的，成了永遠不能變更的鐵律。人類心情的愛惡，大體都是相同的。蘇俄的工人，自然也和其他國家的工人一樣，極願增加其所得，以改善他們長時困苦的生活。可是他們卻不像其他國家的工人，能夠抗議任何苛刻與不公平的條件，或者工會必是他們的後盾。共產黨也常常宣傳：「蘇俄法律並不禁止罷工。」可是，天曉得，當時的規定，工人上工，遲到了二十分鐘，就可處罰六個月的感化勞動；任何破壞秩序的嫌疑犯，就可禁閉監牢好幾年（五年計劃開始後，規定更嚴）。罷工之罪，自然就更不輕的了。這樣，又誰敢來以身試法？所以罷工之事，在蘇俄是永不會發生的。我們在報上，常常可以看到有英、法工人罷工、美國工人罷工的消息，但最近四十年來，又誰聽過蘇俄有一次罷工消息？

當一九二五年以後不久，所謂「集中營」、「奴工營」、「勞動營」，還不是經常可以聽到的名詞。不過這事實是久已存在了，很祕密。因為我們常聽到俄國有「流放」、「充徙」工人和叛黨份子到西伯利亞或堪察加之事。而容納這些「流放」、「充徙」之徒的地方，必然就是這些「奴工營」之類的組織。所謂叛黨份子或政治犯，其罪狀之成立與處置，暫時且不說它。工人受到這種「流放」、「充徙」的判罪者，常藉一件極小的事故，也就可以構成。尤其共產黨和蘇維埃，總是把一頂大帽子壓在工人的頭上。工人在大帽子之下，就不能提出任何問題。他們常常訓示工人：不得把己身的利益置於國家利益之上。共產黨對此舉的假定，則以國家一面計劃運用全國的經濟，一面斷不能准許工人交涉工作的條件。因此，工人必須接受國家為他們規定的任何條件。這樣，工人無論困苦到任何地步，都只有忍受下去。如果稍有反抗或呻吟，便有準備好了的「奴工營」等待著！在這大帽子之下，即無事無處不可株連起來。從「勞動營」、「集中營」後來之不斷發展與擴大，也就可以想到蘇俄工人「動輒得咎」，因此非長時戰戰兢兢的隱忍，是不能活下去的。「奴工營」、「集中營」、「勞動營」裡工人的慘苦生活，今日世人所認識瞭解者，比我們當時所見所聞者，卻已更上了幾層樓。這就是說，一九二五年前後，蘇俄勞工的情形，已經是夠苦夠慘！不料今日更加上百倍的惡化下來，又是我們當日做夢也沒想到的。

# 社會主義化的醫藥

蘇俄的宣傳家，在二十年代，一直誇耀他們具有世界最完善的醫藥設備。如就孫大的醫務室看來，便不免令人作嘔。孫大醫務室，首先僅有一個白髮老頭醫生，他對於女同學來看病，最感興趣，動輒就叫她們脫褲子檢查，弄到後來，她們都不敢上門。隨後換來一位年輕的醫生，叫做亞歷山大洛夫，既兼內外百科，還要配藥，當看護。一個星期來兩次。幸好我同學們都很乖，不愛生病。終於最不幸的，有一個江蘇籍的孫同學，以初期肺病，經他亂醫一頓，被他送進了棺材，我們也破天荒的參加過一次送葬儀式。大家對這位孫同學，都不太熟（因為長住病房）；但當校長拉狄克對他下葬致詞時，卻沒有一個人不掉眼淚。這雖有「生為中國人，死為異域鬼」傷其同類之痛，亦大家在苦悶環境生活中，何嘗沒有「緬懷故國，感歎身世」之情？

亞歷山大洛夫，雖是一個殺人的庸醫，倒是一個吹牛的能手。他常對我們同學說：「我曾參觀過許多國家——德國、法國及英美的優良醫院，但我從沒有見過像克里姆林宮醫院那麼設備完備而豪華的一個醫院。這醫院中醫生和職員的才幹、華貴病房中的設備、病人食物的品質，也是全國任何一家醫院所不能望其項背的，同時，這醫院的設備和藥物，也絕不稍遜於任何一家外國醫院。」的確，他這些話，雖近乎自我噓揚，但事實上我們也早從其他方面聽說過，克里姆林宮的醫院，是獨據全國鼇頭的地位。因為它負有照料蘇俄領袖們身體健康的責任。不過領袖們看病，也有很多等級，黨內一般中委和有些政府部長，還只能享受三等的待遇。不過所有這些人，比一般人民都享受更多的特權，那是不假。每個顯要和其家庭等級的劃分，都是依據部長會議的命令來定的。至於高階層的人物，更有自己的私人醫生，專門照顧他個人的生活環境、吸煙、飲酒、習慣、旅行計劃、娛樂消遣、以及定期檢查等等。這種醫生，更兼負有一種任務，就是特務工作。二、三流角色，則二或多人共有一個私人醫生。克里姆林宮醫院，在距離孫大不遠的「國際街」（第三國際機關所在地），占有好幾座大洋樓。孫大學生由學校回宿舍，那是必經之地。在列寧山附近，還有一所名為「列寧療養院」，也是屬於克里姆林宮醫院的，原來是沙皇的行宮。病人的食物，每人每天規定約合美金十元，其貴族化的程度，就不難想像。這療養院區域與外界完全隔絕，沒有通行證，任何人都無法進去。雖是醫療機關，也不殊一所特務監獄。莫斯科「斯拿門卡街」和「華沙諾菲也夫斯基街」，還有政府各部的醫院，也是根據階級分別等級的。階級制度之嚴格，不多見於其他國家，在所謂「無階級」的國家中，反而特盛，能叫人不惶惑嗎？

蘇俄對社會一般的醫藥設施，較之前者，就大有天壤之別。如孫大附近這個區域，有二、三千住戶，僅有公共診所一間，一個醫生，一個看護。每天三小時的看病時間，要醫治五十名以上的病人。一半時間，還要花去寫「診斷報告」等。如此敷衍塞責的形式主義，他們還美其名曰「社會化」。普通醫院或診所，設備都異常簡陋，醫院用具和食物，既不夠條件，藥品也只有幾種特定的藥物。普通人民當然用不到外國藥，外國藥只有黑市才有賣。鄉村醫藥衛生的情形，就更不必談，首都莫斯科的醫藥情形，就已夠使人戰慄了。因為公共醫藥衛生情形的不良，所引起的疾病也特別多。各地區醫院、診所、療養院的擁擠情形，常令人不免談虎色變。患有重病的人，往往要等三、四天，才能入院留醫。有些病人，常在等待期間就死掉了。療養院的擁擠，通常只能容許病人住一月或二月，決不許延長到兩個月以上。

「社會主義化」的醫藥衛生，原意在縮短貧富間的距離，但蘇俄適得其反，反而加闊加深了社會階級的距離。所謂「社會主義化」的醫藥服務，普遍雖是免費的，但黨、政要員的醫療機構，不惜花費鉅資，為蘇維埃特殊階級，創造特權地位。對於一般人民的醫療，則虛應故事，做盡形式和宣傳，而實不顧他們的死活。像孫大亞歷山大洛夫這樣的醫生，表面總想吹牛，為蘇俄爭面子，他終於也壓不住心中的怒火說：「在任何資本主義國家，德國、法國或英美，人為階級的差別，都沒有像蘇聯這樣懸殊。」愚者千慮，必有一得，僅此一言，還算相當客觀。

西班牙共產黨的領袖德爾多，曾到過莫斯科和烏拉爾區域。他脫離共產黨以後，寫過一本書，說到蘇俄二十年代的情形：「在蘇俄社會中，有三個等級：甲、乙、丙。在豪華的旅店中，有三個等級：甲、乙、丙。在醫院中，也有三個等級：甲、乙、丙。為什麼他們還要說：共產主義社會，是一個沒有階級的社會？」所以蘇俄之所謂「社會化」，不僅在權力機構、居處、遊樂、旅店方面，有相反的事實，連維護健康生命的醫藥衛生方面，也無不皆然。

# 留俄華僑的生活

中國僑民，遍布海外，既無遠弗屆，亦素乏確實的調查和統計。說到中國的僑務工作，過去固然沒有。自　國父孫先生領導華僑參加革命，國民政府成立以後，才開始注意到僑民問題，正式有僑務工作，然亦只限於歐、美、日本和南洋一帶。而於僑民最多的地帶——蘇俄，則反視若無睹。同時在歐、美各地的華僑，有組織、有力量，能發生一種作用。而在蘇俄數量龐大的華僑，則似為一種最不爭氣的中國國民。這責任固不全在華僑本身，亦在我政府過去之少過問，與蘇俄之限制壓迫，有以致之。然大勢造成，一時也難挽救。

一九二五—二六年之間，中國在蘇俄的僑胞，究有多少？恐怕沒有人能夠說出一個約數來。據我們目所見，耳所聞，從海參崴一直到俄國的西海岸，大小城鎮鄉村，無處沒有我僑胞的蹤跡。尤其在海參崴西伯利亞一帶城鎮中，所占全人口的比例，多的約有三分之一，少亦百之二三。在蘇俄的華僑，何以會有如是之多？這是不難答解的：第一、西伯利亞位於中國的北方，原屬鮮卑地區，從漢以來的歷史看，關係與中國為最深。中華民族幾度大揉和之後，黃帝子孫，已多散布於此，土著之民，亦多漢化。後來俄國經營東方，積極移民，弱肉強食，西伯利亞遂歸其所有。第二、蒙古西征，勢更遠及於莫斯科以西。在蒙古統治俄國的二百年當中，中國僑民，亦多衝過了烏拉山脈，散布於歐洲俄羅斯。第三、中俄接壤，毗連最廣，處處缺口，邊地之民，自可隨意出入。千餘年來，中俄糾紛之多亦在此；華人給予俄人影響特深，俄人之方便侵華與積極侵華，此亦重大原因之一。

留俄華僑，既有如此之多，過去何以毫無組織？實由於若輩華僑和我當時政府，不明組織團結的重要性。加以僑民的活動，都是自由的，散漫的，在俄國所從事的生活，大都為畜牧、耕種與自由職業，又常因自然環境的變遷而游離無定。我政府既有鞭長莫及之勢，他們自己也就無法可以結合得起來。非如歐、美等地的華僑，多集中於都市，經營正當商業，其性質既固定而又有恆產可比。而在俄國的華僑，在中國海禁未開通以前，僅有伊爾庫次克的茶葉貿易，頗占地位，亦不過轉運或經紀性質而已。所以至今，留俄華僑之經商者仍只限於豆腐、洗衣、糕餅、雜貨等小本經營，這是我們在莫斯科時所親見的事實。此外所見到的，則似多為無業遊民，遊蕩街頭，或公共場地，如西伯利亞沿途的車站亦最多。他們既不務正業又多染有不良嗜好，如鴉片、賭博，窮極無聊，便無所不為。我們由廣東去俄國的第一批同學，在伊爾庫次克所發生過兩次不幸的事件（見前），就是上了若輩華僑的當。一般俄國人，對於華人的輕視，和不合作的態度，其咎也是半由自取。我們到了莫斯科，不敢和華僑們太接近，固是存了這種戒心。而這些華僑在俄帝宣傳之下，大半數典忘祖，同時也最恨俄國人。因之他們對我們學生，不以忠誠相待，甚或輕鄙相看，似乎認為中國學生與俄國毛子是沆瀣一氣的。這樣一來，華僑與中國學生，便距離愈遠，有若越人視秦人肥瘠之感。不過他們的生活、風俗、習慣，仍多保守中華風習。過年、過節、衣著、禮儀，還是道地的中國化。他們會華語，也都會俄語，說到中文，大多只能說而不能識、不能寫，因為他們受教育的機會，實在太少了。俄國人對華僑的歧視，歷史已然。俄國革命以後，亦故態未改。蘇俄的學校，俄國人已不易進去，華僑自然更困難。一般華僑因為知識或成見更或是生活關係，也不願意其子弟入學；但是中國舊時的「童蒙館」，卻還有存在，便不能說不是怪事。從此亦可見到留俄華僑守舊習氣之一斑。

所以中國留俄的華僑，在舊俄時代，不知有組織，沒有好的教育，沒有正當職業，生活非常的苦。到了蘇維埃政府時代，則不准華僑有組織，一切被限制壓迫更嚴，因而生活也就更苦了。據說當俄國革命時，華僑曾被列寧所利用，為蘇維埃政府出過不少的汗，流過不少的血。華僑所組織的軍隊，成為白俄哥薩克的死敵，蔚為紅軍在西伯利亞的鐵軍。這在蘇俄革命史上，雖把它埋沒了，而一般俄人，猶能口語其事，托洛斯基也曾有過無數次的讚揚！乃不意蘇維埃政府，忘恩負義，竟棄我華僑如敝屣。本來僑民問題，領事、公使、大使，都是責有攸歸。可惜當時中國駐俄的使節，是由北京政府派遣的，有名無實，既不願意管華僑，無法來管華僑，蘇俄政府亦不賣他們的帳。中國國民政府之派遣駐俄大使，是在北京政府倒臺，全國統一以後；但水已成渠，亦無法來澈底解決華僑問題，蘇聯也仍是不讓中國來過問的。俄國革命之後，對其他國家人民之入境、出境，居住之限制特嚴，雖然過去比現在要好得多；但限制的方法，卻全違反了國際向例，慣用種種技倆，如延擱或阻止簽發入境證、限制居住地方至最小限度，或根本不給地方；而且房租更高得驚人，如三席塌塌米之地，非數百盧布（一盧布約值大洋一元）不可，而且盧布與外幣的兌換率，又提高到極不合理。到了俄國的人，不論政府官員或老百姓，一切活動都被限制，特務警察隨時跟蹤監視，更有動輒得咎之苦。同時入了境的人，更不能自由離開，即等於被監禁在蘇聯。中國的華僑，完全就是在這種情形之下討生活的。可是極能耐勞吃苦的華僑，並不因為蘇聯嚴厲的限制壓迫而沒有謀生活動，他們照樣能依其一貫謀生的方法「偷渡」、「走私」。當時俄國的偷渡、走私，對西方查禁，特別嚴厲，但對東方，則成了公開的祕密。莫斯科的華僑，即常以此種方法，往來於西伯利亞途中，把俄國貨物帶到中國，又把中國貨物帶到俄國，經常往返，認為是最好的生財之道。不過這種偷渡和走私，火車上只能過人不能過貨（過貨賄款太多）。大批的人和貨，只能選定黑夜，經過叢山峻嶺，雖是異常辛苦，危險還不算多。因為縱被查獲了，花一點買路錢也就沒事了。中俄守界的士兵，為著自己的安全（常常有殺死守兵的事發生），也不敢來認真。我們在中國飯館吃飯時，一些無知的華僑，對於這類偷渡走私的故事，也常無所忌避，說得眉飛色舞。我們對於這班陷困異域的可憐蟲，亦只有同情，一笑置之。這種偷渡的事，不只見之於華僑，在中國國民黨清黨以後，共產國際遣送中國學生回國，或供給共產黨的物資，也常採用了這種方式。我們同學中，就有很多人吃過這種苦頭。

總之，蘇俄的華僑問題，是一個頗為棘手的問題，我們認為不易解決，蘇聯也傷過不少的腦筋。如果說他們真是華僑嗎？很多人已世代居俄，對中國已完全脫離了關係；如果說他們是俄國的公民嗎？實則有名無實，不能享到與俄人平等的一切權利，而且他們也不認蘇俄是他們的祖國。所以他們真正的自由、平等、幸福生活的獲得，也必然是要在俄帝共黨消滅之後！

# 共產黨訓練黨員的方式

中國共產黨組成之初，尚在俄國共產黨襁抱提攜之中，除例行集會和擴大組織以外，對於黨員，原無所謂訓練。有之，則實自旅莫支部（共產黨在莫斯科的支部）始。旅莫支部所控制的是教育機關，較之國內共產黨專事破壞行動，清閒得多。閒著無事做，便只好從黨員身上來下功夫，於是訓練之道興矣。共產黨員，經不起共產黨機械式的訓練，在莫斯科因有「反旅莫支部」的風潮發生（另文敘述）。旅莫支部的作風方式，一九二七年初，雖在共產黨眾聲要求之下而停止了一個時期，但是共產黨所有的領袖們，或握有統治權力之人的慣性，無不熱衷於獨斷專行，討厭著民主和自由的方式。故共產黨集權主義和家長制的作風，在野心份子的頭腦中，總是裝得要多一些。似乎沒有人趨承左右、一呼百諾、唯命是聽、唯行是循，總不夠味，不夠威風一樣。因之，共產黨對黨員之機械訓練，不能根絕，而得死灰復燃，即自有其必然的趨勢。所以旅莫支部所遺傳下來的訓練方式，在今日共產黨之中，仍是最重要最普遍的一種方式。

旅莫支部對其黨員訓練的方式如何？大體可以分作五點來說明：一、開會不息。不論大會小會，每天都是接連不停。當時他們提出一個口號：「開會第一，上課第二；行動第一，理論第二。」因之，在規定作息時間之內有會、清早有會、午夜還有會。會不完，不准去上課。上課的，就是「學院派」、「個人主義」。會不停，不許去吃飯。吃飯的，就加上「小資產階級」、「自私主義」的頭銜。結果，沒有人上課，弄得教授發脾氣；流水開飯，飯堂女工擺面孔。他和她們都向學校報告，學校當局也莫可奈何。二、自我批評。這是人人最害怕的事。各人報告家世、出身、經歷、志願，並作自我批評。縱令你是憑著良心來坦白批評，總有人鑽縫乘隙來攻擊你，什麼小資產階級習氣、封建思想、英雄思想、風頭主義、個人主義、自私感、虛榮心、學院派、保守派、頑固、落伍、孤僻、狹隘、溫情主義、烏龜主義，都可毫不考慮的一連串加到你的頭上。批評甚過法官，不須根據任何法律來裁判；被批評的等於罪犯，只有毫無條件的屈服低頭。如果不坦白接受批評，則群起而攻之，四方八面的箭頭，都指向你這一個目標。稍有自尊心的人，抵擋不住眾矢之攻，只好垂頭喪氣，甚至抱頭痛哭，或急得把屎尿都遺出來。女同志更經不起風波，一捶兩敲，便泣不可抑了。共產黨絕無原諒或同情，也不讓人懺悔或自新。你愈喪氣，哭得厲害，他們也見風漲，步步高，攻擊得更兇猛，甚至出以唾罵。如再不收效，繼之便是疲勞轟炸，今日不成，明日再來，後日再來，非打得你頭暈腦脹，屈膝投降不可。因此，有些面皮厚的，也是早經過這種風浪的人，起初任你替他加上什麼頭銜，十個或百個，他都全部接受，你罵他是豬或狗，他就承認自己是豬或狗。這樣一來，應該沒事了，他們應該是黔驢技窮了，可是，還沒有。他們報告上級，就給你一種處罰，停止你的「黨的活動」，而不開除你。這樣，共產黨任何活動，都沒有你的份；在國民黨的一群中，也沒有你的位置。如是你便像魯濱遜一樣，成了絕島上的孤獨者了。這一種「精神虐待」，實在比坐牢、充軍、殺頭，還要厲害。何況又是在異鄉外國，更是在他們勢力範圍之內，縱有天大本領，也是插翅難飛。結果，仍只好負荊請罪，聽他們牽著鼻子走。

三、連環監視。共產黨沒有自由，自古已然。一個共產黨人的思想和行動，隨時隨地，都是有人祕密監視著的，而且是連環式的監視著。如派乙監視甲、又派丙監視乙、丁監視丙、甲又監視丁。連環互扣，永不脫節。黨員的一言一動，隨時反映上去。如僅甲、乙有反映上去，丙、丁沒有，或所反映的時、地等相異，顯明的是脫了節，或未盡其責，就要受到嚴厲的批評和處罰。而且所反映的，不論對與不對，上級總要造一些名詞加在你身上，如何不對、如何錯誤、如何有偏差、如何未盡責任等等，逼得你毫無方向，無目的地，拼命再向裡面鑽，永遠不停的去鑽。因為都是祕密監視，我僅知道我所監視的人，卻無法知道我自己是被誰監視著。這樣一來，弄得滿城風雨，風聲鶴唳，草木皆兵，舉目無親，人人皆敵。我防你，你防我，甲陷乙，乙陷丙，遇人而噬，噬過不停。殺氣騰天，情感掃地。有些人說：留俄學生缺乏感情。論者謂為唯物史觀訓練的結果，推究實因，何非種根於此。四、限交日記。旅莫支部的作風，總是想盡方法，要把你們上課學習的時間，剝奪殆盡。整天開會、監視、報告還不夠，更限令每人寫作日記。將日常生活、思想、行動，逐一詳細記載。誠是有心得有價值的事物之紀錄，猶還可說。可是寫來寫去，一切都寫完了。結果弄得今日抄前日的，本月抄上月的重複抄寫，或者我抄你的你抄我的。費時曠事，毫無意義，似猶其次。日記更成了一種專尋別人錯腳的小報告，如某人上廁，用了幾張紙；某人吃麵包，棄了麵包皮（其實是汙壞的）；某人和國民黨同志講了兩句話；某人對某女同志有接觸等等纖微小事，都作了日記的好資料。而且這種日記，縱有別的事情耽擱了，或者你真病得要死了，都是要寫要交的。這是上級考核你的證據，也是裁判別人的證據。這些證據，不但是自己的賣身契，也作了上級利用打擊他人的鐵證。從此人人的生存和一切的權利，自然都操在黨裡幾個人的掌握了。五、參加工作，也是剝奪你時間之一法。如翻譯抄寫書籍講義，繕寫講義或文獻的油印，校對，每天幾張壁報，幾張時事新聞，練習排演話劇，練習歌唱，參加社交活動等等，都要很多人力，占去很多時間。自然上述的事，有些是學生應該做的，有些則不必學生來做的。其實他們並不是要你為工作而工作，而是一方要剝奪你的上課學習時間，一方是帶有處罰你的意義。加以工作無限時，進度有規定，這樣也就成了一種變相的奴工制了。

關於以上幾種機械式的訓練，他們美其名曰「行動學習」。他們原來都是一些不學無術之輩，自己不去學，也就不願人家去學，更怕人家去學。對於勤於上課、研究、上圖書館、講理論的人，都稱之為「學院派」或「小資產階級」或「個人主義」或「英雄主義」。天哪！中國學生，不遠數千里，離開父母之邦，嘗著冰天雪地之苦，跑到莫斯科，目的究竟在那裡？難道只是去開會、監視、自我批評、寫日記、做不當做的事嗎？他們是絲毫不去考慮的。他們只認為這是應當的、必要的。認為要使這批學生成為狗一樣，牽之東則東，使之西則西，不會違背主人的意旨，這乃是不可缺少的訓練。可是，人類究竟是理性動物，不能生活在冷酷無情感的環境，「不自由，毋寧死」。旅莫支部之不能長期控制中國學生，即是先例。今日中國共產黨之訓練其黨員，仍然是走上了旅莫支部失敗的故轍，它縱不被大陸反共抗暴運動所摧毀，亦必被其黨內鬥爭所覆滅，將是無可置疑的事。

# 避暑專為曬太陽

避暑消夏，在很多人的意識中，這只是有錢有閒階級的專利生活，而不是一般普通人所能享受到的幸福。在所謂無產階級的國度裡，而且又是處在寒冷地帶的蘇俄，談避暑消夏，似乎是沒有可能和必要。可是事實上，在蘇俄每年不但有避暑消夏之舉，而且設置了很多避暑的地區，如俄國西南的黑海濱，就有很多富麗堂皇的避暑山莊，專供克里姆林宮那些顯要魔頭去消受的。至於普通的避暑處，亦所在多有。在城市裡的人，特別是工廠裡的勞動階級，每年大半都有幾天到一個月無酬（沒有工資）避暑的假期。這假期的長短，完全是看工作的性質和輕重來規定的。大約礦工最長、重工業次之、輕工業最短。各色勞工，凡自願去避暑的，皆可獲得這種待遇。因之，每年的夏季，即有無數的勞工、學生、公務人員，輪流去過著一般人所謂有錢有閒階級的專利生活。

這不是很奇怪的事嗎？一點不奇怪。因為蘇俄土地廣闊，到處是無盡的草原與荒野，受著自然環境的支配，景色似乎永遠不變，給人一種單調的苦悶。長而無盡的深冬，長期見不著太陽，深厚寂寞的冰雪，長夜，氣候很冷。整天關在牢籠似的屋子裡，很少甚至沒有接受新鮮空氣的機會，更沒有野外集體的社會生活，對於人民的智慧和健康，確是一種太壞的環境。夏天忽然來到，氣溫升高，三、四個月的時期中，醉人的太陽，亂歌的鳥雀，處處都給人以刺激與誘惑。於是，有些人為著身體健康與精神開拓的設計，乃有反乎常態的生活活動。通常所謂避暑，是找清涼幽靜之處，消卻炎暑。而蘇俄之避暑，正名異其實，卻是專為「曬太陽」而來的。因之追求「空氣、太陽、水」，便是最主要的目標。住在城市裡的勞工階級，也就各順其可能條件與經濟能力，跑到鄉村，去渡過他或她們難得的假期。

俄國革命後的蘇維埃，號稱為工人無產階級的政府。實際則在無損於蘇維埃原則下，想盡方法充實勞工的體力，以便加深對勞工階級的剝削；但表面的宣傳，總離不了「增進勞動階級的健康和福利」。為點綴宣傳，避暑處的設立，即其裝飾之一。在各大城市及工業區的附近，利用農莊村舍，略加組織布置，即美其名曰「避暑處」。規定勞工階級輪流避暑的假期，並鼓勵勞工自願自費去避暑。這樣一來，工人被騙，固屬茫然不覺，對於蘇維埃政府，確是有好處的：第一、政府「增進勞動階級的健康和福利」的宣傳，表面上兌了現；第二、蘇維埃利用避暑處，可以對勞工大肆剝削一筆；第三、為加深剝削勞工準備了基礎。蘇維埃「剝削勞工」的設計專家們，的確比帝俄時代的官員們要高明得多。古老的俄羅斯帝國，除了皇室有「夏宮」，貴族、將軍、富豪、鉅賈，有他們的避暑別墅，自尋享受之外，卻不曾替一般老百姓去想想。他們壓搾剝削勞工的方法，只知硬敲直打，強收勒索，卻沒有蘇維埃官員這樣聰明，知道「欲取先予」、「予一取十」的法則。因之，帝俄之壓迫勞工，或「得不償失」，而蘇維埃政府之壓迫勞工，則「名利雙收」。蘇維埃政府之所以能繼續維持至今者，他們對於人民的統治作法，常能「以小易大」，亦其主要原因之一。

蘇維埃政府對於勞動階級，縱有網開一面，給勞工以無酬避暑的假期；但一般勞工待遇，原極菲薄，一日所得，常不夠維持一人一家的最低生活，哪肯荒廢時間，哪有餘錢，去享受偷閒避暑的生活呢？因之，多數勞工，都寧願犧牲這一年一度難得的假期，繼續去流汗工作，取得幾塊盧布（俄幣，當時約等中國大頭一元）來買麵包，而不願作「有損無益」的浪費。因之，真正的勞工階級前往避暑者，實不過十之一二，且常常只住一兩天，當作旅行似的，點綴一下就回去了。這樣一來，所謂勞工階級的避暑處，真正的工人少，倒被一般有錢有閒的其他份子所利用了。我們這批學生，也就是在這樣情形之下，才得到每年一月的避暑機會。否則，蘇維埃政府不僅是白費心機，而避暑處龐大開支的損失，亦將無法彌補。

當時我們中國學生避暑的地方，是在莫斯科附近的一所「紡織工人避暑處」。這或許是學校當局與蘇維埃交涉，故意作的安排。因為這裡女工多，使我們同學有較多學習俄語的機會。當中國「聯俄容共」時，這或者是克里姆林宮所施的一種「政治手段」或「軟化政策」，也未可知。當我們進到避暑處時，已有四五百避暑的人在那裡，大部分是紗廠的女工。據說在我們之先，來來去去，已經輪過了三四批，人數亦大體相等。這避暑處的名字，叫做「湯姆斯基避暑處」，距莫斯科約十餘公里，範圍很廣，周圍約有三四公里的境地。有小河橫貫其中，河水清漣，深可及人；有森林，佳木蔥蘢，高聳雲霄；淺草如茵，而無荊棘；沒有高山，卻有很多的小丘陵，無數的木造村莊，分布於林間水邊。在莫斯科沉悶環境居久了的我們，忽然來到鄉村，過著比較自由輕鬆的生活，心曠神怡，彷彿有一種世外桃源之感，此外公共食堂、露天集會場、列寧室、體育場等，關於共產主義教育的設備，也都很齊全。美中不足的，只是沒有浴室，要沐浴的話，只有跑到一里或半里外的自然浴室——河裡，才能解決。

我們孫大兩百多學生（東大另在一處），來到避暑處以後，過去的生活方式，又都有了改變。全體同學分為十餘組，每組約二十人左右，同學自選組長一人，學校並派俄文教師與指導員（實為監視人）各一人，跟隨各組生活。分住著互相鄰近的若干村莊，一村住一組或二、三組不等，依房屋的大小而定。起居、飲食、作息、遊玩，皆有定時，以鳴鐘為號。鐘聲雷吼，遠傳數里，六、七百人的共同生活，真是名副其實的「鐘鳴鼎食」之家。日常生活程序，七時起床，舉行早操。在學校不愛早操的同學，此時被迫，亦不得不勉強來參加。因「生活公約」的限制綦嚴，不容或有例外。早餐後，讀報紙兩小時，由俄文教師講解，這可說是學校宣揚馬列主義與其國策的時間。然後就是團體活動，開各種會議或練習話劇音樂等，準備將來出演。午飯後，一小時的午睡，這是必須遵守的，而且規定要脫光衣服鞋襪。有些不愛睡午覺和懶脫衣服的同學，常會接到指導員的警告。午睡後，吃一頓茶點或牛奶之後，就是各人自由活動的時間了。花樣繁多，各從所好。有划船的，有釣魚的，租船或釣具，每小時都不過一、二戈比（約中國一二角）；有打球或作其他運動的；有抱著書坐在樹蔭下的；有約男或女朋友談情說愛的；有參加臨時集合的草地舞團的。這種舞團，幾乎處處皆有，只需一架手風琴，琴聲響起，跳即隨之，不管識與不識的男女，很自然的就搞在一塊了。中國學生對於此道，多是外行，便作了他和她們看熱鬧的觀眾。男男女女興趣最濃的，還是游泳。所謂游泳，都不過是到河裡去玩水，玩夠了，便一絲不掛，女的更三點無遮，暴露得無可再暴露了，直躺在沙灘上，接受太陽的擁抱。大家都認為與太陽神接近的時候太少，這一年一度的機會，似乎都很珍惜，不願輕易放棄，所以都儘量的脫，儘量的曬。首先，男女分開的，各占一塊地盤，後來人多了，先在水裡打破了界線，上岸後，也就不管三七二十一，男女就混雜一起了。這樣男女混合的「無遮大會」，在西方文明國度裡，或許還沒有進步到這一程度。中國學生為著禮貌，也或許是沒有習慣，本來都保留有一條短褲子在身上的，後來因為俄國人的竊笑，也就完全坦白了。年歲比較大的俄國女人，首先也有提出異議或叫罵的；但寡不敵眾，莫敢奈何！年輕一輩的女孩子，則全不在乎，談笑風生，當作旁若無人一樣，有時且故作姿態，嬉弄游眾，似乎在表示：她是異常前進。俄國革命，古老的男女關係破壞後，帶來的就是這些大膽作風、浪漫行動。可是中國的女孩們，卻沒有如此前進。她們多數不僅不參加這種無遮大會，似乎視此地為「禁區」，連足也不敢涉一步。這一段自由活動的時間，不過三數小時，大家盡了興玩夠了，一聞鐘聲，便馬上趕往食堂。

晚飯後，照例是娛樂活動。在露天大禮堂舉行晚會，分別演出話劇、歌舞、音樂或電影。出演之前，也照例有人講演，作一套共產八股的宣傳。出演者多半是由各參加的團體或工廠擔任的，我們同學，也演出過兩次（一次話劇，一次京劇），但都很冷場，因為俄國人不懂，所以沒有興趣來參加。同時，多數中、俄男女的心目中，夜晚活動之可愛，並不在露天禮堂的娛樂晚會，而是在自己自由的祕密活動，即所謂「小組會」。這「小組會」，並不是我們平時所意識的少數人集合的各種會議，這是留俄同學當時所特標的富有「春色無邊」意味的名詞。因之，晚餐以後，如果不是白天約好了的話，想要找一位同學或朋友，卻是異常困難的事情。如果這人不在晚會上，你就踏破鐵鞋，也休想找著他或她。除非你能在黑暗中，找盡森林中每一角落。莫斯科附近的森林，有一最大的好處，就是很難發現一條蟲或一隻螞蟻。這或許是冰凍季節太久的關係，蟲蟻不易生存而絕跡了。因之，黑夜坐在或睡在森林的草地上，也不會感覺有什麼威脅。不過被指導員發覺了你昨晚沒有回宿舍的話，那就不免有點小麻煩，但也不是什麼嚴重的事，頂多是破壞「公約」的警告。因之，「愛在森林黑夜眠」的同學，晚上十一點鐘以前，也非趕回宿舍不可。

留俄同學中的羅曼史，多半是發生在這一段時期中。當時中國「聯俄容共」政策，尚在執行。俄國女孩子新興的虛榮，也多愛與中國學生交遊。那些所謂前進的女團員（共產主義青年團），更是一點沒有顧忌，大可「取之不拒，用之不禁」。昏迷瘋狂於一時，又無不苦恨一月的光陰太短。不過回到學校以後，空氣也完全異乎尋常，再不似過去那樣單調寧靜。俄國的鶯鶯燕燕，在校門口、走道公園、廊簷下、會客廳裡，出現的既多了；信箱裡，除掉少數貼著中國郵票的信件外，貼著俄郵票的郵件，也陡然增加不少。一月之中，同學的俄文，一般都有很大進步，也是的的確確的事實。

# 反對派領袖托洛斯基

在一九〇五－一七年，及以後多年中的俄國革命事業裡，托洛斯基的地位，真是舉世皆知。可說沒有一個俄國革命的酋頭——縱使是列寧——能夠像他享受這樣大的國際的聲名。因為在俄國共產黨統治俄國的頭七八年中，國際間仍只知道共產主義的共同信仰，僅是托洛斯基「不斷革命」的理論。

一般俄國人乃至共產黨人的心目中，直到一九二六－二七年，還不贊成擁有極大權力的土包子——史達林，而對於多才多藝的托洛斯基，卻猶保有很深的去後之思！的確托洛斯基無才不足以作惡，他懂得西方五十幾國的文字，有相當的文學修養，在俄國革命過程中，所表現的才能，不止是一個指揮家、煽動家，和寫作家，他尤具有驚人的組織能力，發動工農，武裝民眾，統帥紅軍，襲擊敵人，和應付千頭萬緒的困難環境，無不得心應手。對於這樣的人物，列寧雖然可以引之為友，但陰險笨拙的史達林，便非視之為勁敵不可了。托洛斯基在十七八歲時，即已參加了俄羅斯的革命運動，坐過牢、充過軍，和許多革命家的情況相同。他經過無數的艱難困苦，顛沛流離的生活，最後才離開俄國，在維也納成立了他的家庭。第一次世界大戰發生，他的厄運也接著來了，被視為同盟國的仇敵，逐出了維也納。瑞士、法國、西班牙，都不許他停留，他終於偷渡到美國，安息了一個時期。一九一七年，俄國革命發生。五月，他回到列寧格勒，其時他不過四十餘歲。他掌握領導革命的大權，與沙皇政府為敵、與克倫斯基政府為敵、與所有社會革命黨和孟塞維克（共產黨的少數派）為敵，甚至有時與自己的布爾塞維克的黨人為敵。他不怕與四周或所有的敵人作戰，而且是百戰百勝。不料後來竟敗在一個後生豎子——史達林的手裡。

托洛斯基不但一生的經歷很慘，他的身世，也是夠慘的！列寧是正教會的一個教徒，且是貴族的後裔，而托洛斯基卻是素被沙皇政府殘酷虐待之異族中的一人。他的祖宗沒有出過頭，不是革命發生，他也不易翻身。他與列寧在性格上，也是兩個不同的典型。列寧的表現，是太靜寂與謹慎，且常用他演詞的彎曲邏輯，抓住群眾，無需運用雄辯的法術。而托洛斯基之為人，卻是富有煽動的感動的性格，具有火一般的熱情及滔滔不絕的口才。在政見上，他與列寧也常常是相反的。他在自傳上與列寧回憶錄上，自己也坦白的承認：他在某些問題上，反對列寧的見解；但不是極端的，因為他是布爾塞維克派與孟塞維克派之中的調和派。十月革命時，他與列寧是一致的。及《布列斯特和約》（對德和約）成立後，又與列寧相左。不過他到後來，似乎是很懊悔的。如在「我的生活」中，說到與列寧分裂之事時，即含有自誇和懺悔的口吻：「不管怎樣，第二次大會，是我生涯中的一個大階段，至少是為它使我離開了列寧好幾年這個理由。當我現在從大體上去觀察過去時，我並不懊悔離開列寧這事。我回到列寧，較別的許多人遲；可是我回到他，是由我自己的道路，是在通過與熟考革命，反革命與帝國主義戰爭的經驗之後。謝謝這些境遇！我回到他時，是比他的那些『門徒』，那些在他生前摹仿著，有時是怪樣地摹仿著他的言語與舉動，在他死後才證實自己只是一些無用的後輩與敵對勢力手中的不自覺的工具的『門徒』，更堅毅更嚴肅。」這即是說，他與列寧之分合關係，完全是政見問題，沒有絲毫私情私慾滲雜其間。托氏這種坦白率直的表示，不但不能改變列寧門徒的腦筋，在捧列寧作個人權力鬥爭「王牌」或「聖靈」的時候，一切都可不擇手段而為之，何況托氏還有過反列寧的「把柄」在。史達林利用這把柄，作為打擊他的有力工具，托洛斯基有冤無處伸，也就更慘了！

我們初次看見托洛斯基，是一九二六年的春天，在「紅色職工大廈」的一個紀念會（好像是我　國父孫先生的逝世紀念會）中。他有普通高大的身材，面目並不可憎。經常一副金框眼鏡，擱在鼻梁上，並掩不住那對烱烱有光的眸子。厚厚的蓬亂不整的頭髮，配上牙刷式像史達林一樣的鬍鬚，但比史達林要清秀一點。當時他的神情，似乎有點頹喪。想當年他那種統帥紅軍、指揮暴動、流血遍地的英勇豪邁氣概，今則似乎不類其人。這時史、托間之裂痕，雖已漸露，但還沒有到真正破臉，誅鋤相見的時候。上級的鬥爭，也還沒有公開鬧到下面來。加之，托氏的信徒，還是散遍在各處。所以他這次的講演，仍是得到了聽眾熱烈的掌聲。他說話的煽動力，和操縱群眾的技術，較之十年以前，似乎仍未減色。這時胡漢民先生，已到了莫斯科，也被邀作這次紀念會的主席團和演講人之一。胡氏以講學態度，輕言細語，又要經過翻譯，比托氏作講演時，相形之下，就要冷場得多。我們再次見到托洛斯基的機會，是他到孫逸仙大學來講演。事前我們一點都不知道，學校公布欄的佈告，也只說「共產國際有人來校講演」，什麼人？卻沒說。隨之，來了一輛大汽車，下來很多特務式的人員，分布在各處，我們就覺得這人一定不平凡了。接著一輛小汽車，下來的竟是托洛斯基和他的紀錄人員。托氏此來的動機如何，不得而知。他的講演，雖是學術性的，卻仍發揮了不少的「不斷革命論」的見解。一群「天子穆穆」的中國學生，首先還弄不清他們黨爭的內容，也不知道怕加什麼帽子，都報以熱烈的掌聲。會後，我記得博古列也夫（教務長），對我們作了一下鬼臉。當時我們還沒覺得他已有了黨派成見，以為這不過是偶然的動作而已。

從此以來，不論公私場合，我們就再沒看到過托氏的影子了。蓋自列寧死後，俄共黨內，藉政見鬥爭，展開為個人權力鬥爭，即已開始。一九二五年秋，托氏的「不斷革命論」與史達林「一個國家建設社會主義」的主張，成了對立之勢。史達林經過一番布置，「黨成一石，權歸一人」之後，即加托氏和其同黨以「反黨」之罪，開除黨籍。一九二八年，更被史達林加以「反革命」的惡名，予以放逐。一九二九年二月，再流徙到土耳其著名的流放島——波林吉普。托氏不屈不撓，在那裡還建立世界反史達林集團之「布爾塞維克列寧派或左派反對派」支部遍於各地。不久，托氏雖得其同黨之助，逃出了這個流放島（史達林得此教訓，從此處置反對派，即不再採流放，而用屠殺了），可是終未逃出史達林的魔掌，一九四〇年，被暗殺於墨西哥。

一代謀叛的豪傑之一——史達林的勁敵，即無聲無臭的離開了人世。他的兒子塞多夫，剛由工業大學畢業，托氏死後不久，也就失了蹤。

# 第二大都列寧格勒

孫逸仙大學的學生，集體遠道旅行，幾年當中，僅有過一次，那就是一九二六年冬十一月，到列寧格勒（聖彼得堡，亦名彼得格勒）旅行。莫斯科鐵路向西北行駛約四百六十餘哩，即至其地。這原是俄國第一大都市（現在則居莫斯科之次），亦沙皇時代和克倫斯基政府國都之所在。它可說是一個多難多災的都市，先有沙皇的暴虐，次有列寧的暴亂，再有史達林的屠殺，終有一九四一年希特勒進攻的大洗劫。我們到列寧格勒旅行，不前不後，正是列寧陰謀取奪政權後的九年。這是俄共所謂安定發展的時期，人民饑餓憔悴時期，雖算過去，但人人深鎖愁眉，默默工作的苦難日子，卻又在急劇發展之中。

列寧格勒在波羅的海與俄國北部森林的分界處，位於芬蘭灣東岸，尼瓦河口，面海而背森林。如果說莫斯科是俄國人民悠久歷史中，自然長成的都市，列寧格勒便是他們自覺建成的都市。這就是由於俄皇彼得大帝打破傳統的宗法觀念，企圖西向開拓的結果。彼得大帝野心勃發，於一七〇三年開始建都，用強力開闢通往西歐的海口，把港口和京都集合於一點，集中全部心力於一點。這個大都，也就可說是他們國家思想的產物。彼得大帝為要顯耀自己的萬丈光芒，便把這城叫做聖彼得堡，一九一四年歐戰發生，沙皇尼古拉第二因彼得堡之名為德語，乃改叫彼得格勒。列寧得勢，依樣畫葫蘆自我顯揚，又變其名為列寧格勒。一九一八年三月，德軍逼近，才把蘇維埃政府暫遷於莫斯科。列寧格勒的人民，至今仍引以為憾事！因為將近十年了，暫遷的蘇維埃政府，一直不願回去。聖彼得堡曾操縱了莫斯科二百年，現在莫斯科卻翻了身，狂妄的統治，向之大施報復，行徑之兇惡，由恐怖伊凡以來所未有，這就是後來史達林的大屠殺。

彼得大帝當初在這海邊瘴氣蒸鬱的沼澤地帶建立這座城市，計劃是一座皇城和吞噬西歐國家的大本營。規模雖極宏大，氣魄雖極雄偉，但是花了二十萬工人性命的代價，彼得大帝的美夢，並沒有全部實現。繼之，凱塞林女皇以及後來若干諸帝，經之營之，踵事增華，都想使它成為全世界首屈一指的京城。在一貫鞭笞驅使之下，至蘇俄二月革命之前，才大體粗具規模。當時人口將近三百萬，自為俄國第一大都，革命後十年，莫斯科的人口近四百萬，它自然屈居於次位。條頓民族，一向念念不忘於波羅的海；日爾曼人，幾百年來都想把波羅的海作為自己的內海，也一度控制了波羅的海。自彼得大帝建立聖彼得堡和芬蘭灣喀琅斯塔島海軍基地以後，俄國的力量，才開始插足到波羅的海與德國分庭抗禮。不幸的，一九一八年，在德國的進攻下，雖未淪陷於德騎；而二次世界大戰，希特勒九百日的圍攻，卻把列寧格勒整慘了。

列寧格勒宮殿、寺院、博物館等的建築，都相當壯麗。為俄國對外貿易西部最大的港口，亦是大工業的中心（後來才分散），鐵工、造船、製糖、鋸木、造紙、紡織、煙草等，都極發達。此城和莫斯科一樣，冬季晝短夜長。海口有四五個月的冰凍期，卻為美中不足。許多建築以及使這座城市恍如威尼斯的一條運河（尼瓦河）和很多溪流，在在使列寧格勒成為一個神奇迷人的城市。所可惜的，當我們來到列寧格勒的時候，正是萬里冰封，一片銀白的世界，見不到一點青山綠水，也沒有風光明媚醉人的天氣。灰暗陰鬱的天空，籠罩著整個城市；零下三度的氣候（平均溫度為九度），鎖著了我們的心情和行動，使人都不免有見面不如聞名之感！雖然如此，有些地方，卻還是令人難忘的。整齊劃一寬闊的街道，透過北方的薄霧，直向遠方伸去。尼瓦河花崗石的隄防，阻住了河水的泛濫。在低矮的河岸兩旁，有海軍總司令部的樓頂和彼得保羅堡的尖塔，南北遙遙相對；遁庵博物館和列寧格勒大學，則東西相望；東北的史莫尼大樓與芬蘭灣喀琅斯塔島的海軍基地，對峙相看；構出列寧格勒一個整體輪廓。用五百多座橋梁，接連一百個小島。建築物有多種格式——巴羅科式、古典式、安皮爾式、近代西洋式，多數平凡的灰色房屋，夾雜一些現代化的建築，揉和托出列寧格勒的全貌。

列寧格勒，是俄國西方之窗。俄國開了這窗口以後，西風才隨便可以進來，促成了沙俄的資本主義化。它是全國最現代、最富足、文化較高的地區。生理學家巴浮洛夫、小說家杜思退也夫斯基、詩人普希金、舞蹈家尼金斯基，都是這城市的歷史人物。這裡也是俄國的工廠、實驗室、文化藝術的搖籃，然而它的基礎，卻是建築在沙皇鞭笞血肉之上，也就是沙皇時代工業殘酷剝削壓迫之上的。因之，列寧格勒正是俄國無產階級的製造廠、蘇維埃革命的實驗室、共產主義的搖籃。俄國十月大革命，便是在這塊貧窮、饑餓、疾病繁殖之地，首先發難的。後之視今，亦猶今之視昔，旅遊其地者，默念蘇俄當局的狂暴行動，又誰不感慨萬千。

列寧格勒最引人注意的建築，為「隱士廬」（皇宮），面積約兩倍於我臺北的總統府，一部分已成為蘇維埃政府的機關，一部分則闢為博物館。宮前廣場，為俄國革命爆發的點火處，今則為閱兵或大集會的場所。「遁庵博物館」陳列著古代文物，蒙古文物占大部分。俄國人對蒙古最有興趣，蒙古可汗帖木兒的陵墓，葬在西南部的桑默甘城，當時正派有考古隊前往勘察，準備掘發，預料將有很大的收獲。彼得一世所獲得之大理石維納斯女神像、達文西和拉斐爾的聖母像；歷代畫家如提甲、喬珠奈、維納斯凱等人的作品，皆收藏於此。此外鑽石、寶石、皇冠珠寶、金銀玉石製品等稀世之珍，亦復不少。「彼得保羅要塞」為舊時建築，多已改成現代裝備，但建地遼闊，殊難一目瞭然。「列寧格勒大學」前身為聖彼得堡大學，乳黃色的教舍，顯得極不調和，時有學生二千餘人。尼瓦河畔「史莫尼大樓」，原為彼得格勒地方政府所在地，革命時則作了列寧、托洛斯基指揮革命軍的總部。「列寧圖書館」有珍本藏書卅六萬餘冊。列寧格勒附近沙可色羅的「夏宮」，為沙皇的行宮，革命後改為博物館，沙皇生活用具，仍多保持原來的形態。內分若干宮：如金宮，盡為黃金器物；玉石宮，盡為玉石器物；中國宮，盡為中國器物。「愛斯托利亞大旅館」為慶功宴集、盛大舞會、招待外國貴賓之所。其狼籍聲名，不亞於莫斯科大都會旅館。「聖依撒格大教堂」有不少名家壁畫，由堂外鐵梯環上數百級，至金光閃閃的圓頂旁，全市景色，盡收眼底。「聶夫斯基林蔭大道」為列寧格勒的主幹路線，亦群眾遊行行列必經之道。道旁「王室教堂」，俄皇亞歷山大第二，即遇刺於此。據說：在夏季，這是最可愛的地方，碧藍的長空，像圓盤子一樣掛在天上，兩旁老菩提樹，閃著金光，紫色、赤赭色，異常美麗。「馬克思公園」和「列寧公園」，本是極富詩意，可以流連忘返的地方。冬季也只有寥寥遊客，點綴在一片雪白地上。開凍季節，尼瓦河上，原有許多汽艇和揚著白帆的船隻，往來上下，無數的海鷗，盤旋飛翔。今則不可多見，僅有很多小小的雪橇，滑行於冰雪之上。安尼可夫橋邊，彼得大帝的銅像，已經成為一個巨大的雪人。

銅像的周圍，盡是木屋，雖已成了白色村落，然五顏六色，反映於皚皚白雪中，仍不失為一幅美麗的圖畫。「乾草市場」的一些橫街小巷，是列寧格勒最大的貧民窟，也是低級酒店、舞廳、咖啡館，和盜竊等不法之徒，叢集之所。小說家杜思退也夫斯基的名著《罪與罰》、《卡拉馬佐夫兄弟》的寫作，都是以此地為背景。不意若干年後的今日，雖人事大變，而情景依然。

今日回想起來，彼得大帝一手打開的俄國「西方之窗」，雄則雄矣，但除了軍國主義色彩之外，其餘實皆不足觀。所謂給予俄國人民的幸福，實際上，不是生活的改善，只是痛苦的加深。後來史達林的屠殺報復，自不用說。二次世界大戰時，德國進攻，也使史達林精神崩潰了兩星期。而俄國人民九百天的災難，又何嘗不是彼得大帝和蘇維埃政府之所賜！以致弄得列寧格勒，至今還站不起來。

# 蘇里那得的風波

留俄學生或是居留在俄華僑，在莫斯科或俄國其他的地方，常常可以聽到一種無知的俄國人，會向你開玩笑的說：「吉泰伊茲！蘇里那得？」這句話。最講禮貌的中國人，雖然很客氣的答覆著說：「卜洛哈」（不好），但心裡總不免有點冒火。若是遇上一個同樣無知或性情暴燥的中國人，就難免沒有衝突。因為這句俄國話「吉泰伊茲！蘇里那得？」翻為中國話，便是「中國人！要不要鹽？」這是他們對中國人一句專用的話，對中國人有一種輕鄙侮辱的意思。所以中國人每聽此言，心裡總是百分之百的不愉快。稍有知識的俄國人，卻是深忌不敢說的。

這句話的故事根源，據傳說：在過去，也不知是什麼年代，什麼地方，有一個中國駐在俄國的領事，或說是一個富有的中國茶商，在俄國生病死了。死者的家屬，想把他的屍體運回中國安葬，「歸正首丘」，原不可非；但路途遙遠，又正值炎夏的暑天，其家人為防屍體的腐化生臭，乃用「鹽」塞滿棺中，這樣才好把屍體完好的運回到中國。這故事是真是假，並找不到一點證實，只是一傳十，十傳百，在俄國社會中即流為一種笑柄，尤其是作了一般無知俄人欺侮華僑的精神利器。果有其事，也不足為奇為恥；若無其事，便為齊東野人語，也不值得計較。但俄人藉此以輕鄙侮辱我華裔，那意義就完全不同了。中俄連疆，兩國人民交往頻繁，然常因此一語之微，弄得互不愉快，由此而構成怨憤、仇視、鬥爭者，亦為常有之事。

孫逸仙大學有九位同學，在某一個星期日的下午，坐半小時的電車，到莫斯科郊區一家中國飯店去聚餐。因為久疏家鄉風味，大家都吃得過飽，回程時，便不想多坐那顛簸很厲害的電車，欲藉步行一段路程，輕鬆一下身體。當他們沿著電車路線前進時，忽然有兩個俄國毛子（華僑稱俄國人常用的名詞），跟在後面，連聲呼著：「吉泰伊茲！蘇里那得？」首先我同學們都置若罔聞，不予理會。這兩個傢伙，衣著還相當整齊，不類無知流氓之輩。當他們走近我們同學身邊時，卻愈來愈兇，得意洋洋，指手劃腳的當面戲弄，並且摘取了同學章某的帽子，當作玩具，拋向天空。章同學為北方人，孔武有力，他在忍無可忍之時，即飽這取帽子的傢伙以老拳，於是雙方以九對二的惡鬥便開始了。這一段地帶，本來很冷靜，行人稀少。雙方打了很久，也沒有旁人介入。結果，兩個毛子被打得皮破血流。我們雖有三位同學受了傷，卻是為自衛而戰，為正義而爭，實不愧為黃帝子孫。隨後幸有兩個俄國軍官經過其地，勇敢的拿住兩個毛子，並要求我們同學，同到警察機關去。這兩個俄國軍官或許沒有什麼壞主意，可是警察機關的負責人，卻有偏袒毛子的態度。他簡略的詢問鬥爭事實之發生與經過後，要兩個毛子繳驗身分證件，他馬馬虎虎看看，沒有記錄，就交還給了他們，並且輕輕的對他倆說了幾句話，我們同學聽不清楚，也不懂。但見兩個被打的毛子，面露笑容。我們同學即已料到事不太妙了！警察人員隨要我同學提出身分證明，同學都把孫大的「學生證」給他看。他看了還不夠，並逐一的予以記載。隨後，並未作任何判決或其他手續，只叫我們同學都回去。同學們沒得到「水落石出」，就離開了這警察機關。這兩個毛子，不久也跟著出來了。事情似乎就此解決了。

這九位同學，受了毛子這樣欺負，又見毛子的警察機關，竟如此不了了之，心實有點憤慍不平。乃向學校當局報告，請求提出交涉！學校當局，雖然滿口答應，可是很久沒有消息。經過三催四請，後來學校當局才告訴我們：「兩個俄國人已被處罰了，並向中國同學道歉！」繼詢有何文件證明？學校當局，則含糊其詞。因之，我們當時即有三個假設：第一、學校沒有去辦交涉，或交涉而沒得到要領。第二、這兩個毛子，或非無知流氓，而是在共產黨或蘇維埃或社會中，還有相當地位，俄國警察機關對於他倆這種幼稚無知的舉動，有不便宣揚出來之苦。第三、就是俄國毛子一貫「歧視華人」心理在作祟。後來，我們詢之在俄國的老華僑，所得到的答覆，雖屬於第三的假設，但我們依據當時警察人員之偏袒，與後來學校當局之含混態度來判斷，相信第二三假設，必皆正確。當時俄國共產黨宣傳，所謂「中俄親善」美麗動聽的口號，還在繼續的叫著。實則毛子確是「大處必爭，小處不讓」。即連如此微小之事，也不願作公平合理的解決，那還有什麼其他可說！後來中俄間的問題，即無一不可作如是觀。

# 馮玉祥之一子一女

在莫斯科孫逸仙大學，有好幾位足以引人注目的特殊同學。他（她）們之所以引人注意，到不是由於衣著新穎，舉止闊綽，如今日社會一般人的看法；也不是由於階級成分足以代表工農份子，而受到尊崇有如共黨所標榜的說法。相反的，是由於這些人門第高高，來頭與眾不同。馮氏兄妹就是其中之一。

所謂馮氏兄妹，指的是多變將軍死於俄輪（民國三十七年八月，被俄人焚死）的馮玉祥的一子一女。他們都是當時隨同父母到俄國去的，馮玉祥夫婦由孫大收為名譽學生，而他們的一子一女，則留在學校讀書，類似一種人質（時馮圖與俄共勾結，作某種陰謀活動）。所以在名分上他們也可算是父子同科，母女同學。

這一對難兄妹，出生在軍閥家庭，無論如何，總不能與農工子弟同列，何況他老子在當時是數一數二的野心軍閥，在旁人看起來，應當是列入貴族子弟，不能與所謂無產階級等量齊觀。不過他們倆，本身到還沒有什麼貴族習氣，相反的，還極力矯飾避免這些色彩。說起來這對兄妹還是怪可憐的，因為他們都不是馮妾李德全所出，乃係馮氏前妻所生。而他們的生母，是曾經備受虐待，最後被這位暴虐的丈夫一腳踢死的。因母及子，他們倆自然得不到家庭溫暖，而內心時刻蘊藏著一種隱痛！

馮子叫馮宏國，當時正在弱冠之年，高高鼻子，修長身材，一眼望去，到像是一位翩翩公子，不過天質近於魯鈍，中學還沒有畢業，平素沉默寡言，缺少生動活潑氣概，唯嗜球如命，教室找不到他，球場一定可以尋著他。論家世，他雖有這股優厚條件，但不能引起中俄婦女興趣，所以他居常落落寡歡，沒有嚐過什麼戀愛滋味。這少爺，在俄國沒有什麼收穫，後來轉到東瀛，竟討了一個日本太太，滿以為可以享到「住洋式房，吃中國菜，討東洋婆」的三大樂趣，豈料事出意外，碰上日軍侵華，我舉國洶洶，正要食其肉剝其皮與日閥不共戴天的時會，馮宏國做出這般行為，豈不犯了大忌？別人或可不管，惟有他那位素好偽裝，以抗日為號召的父親，對於這點，似乎是傷害了他的自尊心，於是怒從心起，七竅冒煙，立刻把這個不肖子綁在庭柱上打個半死。後來經過幾位父執長輩作過套，苦苦求情，纔饒了他。這一齣「轅門斬子」，表演得煞是緊張有趣，但不知這位少爺大受鞭笞的時候，曾否使出賈寶玉的止痛妙法？據說後來日軍圍攻北平近郊的南苑，這位馮少爺正充下級軍官，駐守於該地，身陷重圍，是殉難戰死，抑或逃之夭夭，則不得而知了。

馮小姐時不過十六七歲，圓圓臉孔，矮胖身材，除了身軀不算高大以外，臉部輪廓和馮玉祥一模一樣。她的名字叫做「弗能」，學校給她的俄文名字叫「虞施旦娜娃」，是「不等待」的意思。這一個代表家庭，一個代表學校意旨的命名，在某種場合看來，是相當微妙的。其微妙處，似乎是關於她的終身大事含有「楔子」的意義。因為她當時雖僅荳蔻年華，卻早已由父母之命，許配給一位張公子（據說為張紹曾之子）了。所以臨到有人追求的時分，內心總免不了有一種矛盾起伏，如果遵從父母之命，那麼對於求愛的人，應以「非弗為也，是不能也」予以婉拒；如果站在共產黨男女關係「一杯水」主義之下，所謂父母之命的盲婚制度，自然是駭人聽聞，不可饒恕的罪惡！她既然是共產陣營的前進份子，又在這一種環境中，也自然是絕對「不等待」的。所以這小妮子，到也聰明俐落，對於這等事，表面上總是一味裝蒜，暗地裡卻是左右逢源的能手。她有兩個綽號：一叫「小蘋果」，因為她在全校男女同學中，年齡最小，小臉龐，又老是那樣白裡透紅，故得此名。另一徽號叫做「南口」，這是藉馮玉祥當年抵抗敵人的一個堅固據點，這據點，敵軍長期圍攻，始終沒有突破。因此同學們一提到「南口」就會聯想到這位馮小姐的閉關主義，認為也是無法攻破的堅壘。此即這雅號的由來。

她老是那麼天真而頑皮，似乎永遠脫不了孩子氣，她之所以能予同學們以良好印象，也就在此。當我國內清黨消息傳到俄都的時候，俄共中共都好像瘋狗般的亂叫亂吠，對於國民黨人士，漫罵詆毀，無所不用其極。當時馮玉祥，還在國民黨旗幟之下，統率大軍，共產黨也認為是反革命份子，很想利用這位馮小姐罵罵她的父親，替共產黨出出氣，而她卻很巧妙的加以拒絕：「罵有什麼用？我必得要實幹！」共黨知道她已沒有利用的價值，隨即把她兄妹遣送回國。還有一樁可笑的事，就是「孫大」學生中，有不少要人的子弟、俄國共產男女，對他們也很有興趣。當中國學生不論在任何場合出現，都必有人竊竊私語，指說：「這是某某的兒子！」甚或硬指其中的一位說：「你不是某人的兒子嗎？我還聽過你演說呢！」當你說明他們是指鹿為馬的錯失之後，往往啞然失笑，承認「在我們看來，中國人個個都一樣。」共產黨人不都是標榜勞工神聖，口口聲聲反對封建意識的嗎？然而他們對於異國要人子弟，竟如此多情，趨奉捧場，還不是封建意識和官僚思想在作祟嗎！

# 天天開會事事開會

在蘇維埃社會主義國度裡，集會是極其平常的一件事，大事有會，小事有會，似乎無會就不成形象一樣。所謂「蘇維埃」，字義就是會議的意思。這種會議，自鄉村以至中央，都一貫有固定的會期，和一些不定期的會議，經常的舉行著，以表示各團體各階層的活動。所以在這一國度裡，幾乎是天天開會、處處開會、人人開會、事事開會，弄得人們頭暈腦脹，如醉如痴！他們的任何會議，都是共產黨事先安排好的，開會不過形式表演，便完成了預定的目標，各級的選舉會，亦復如此。這才是名副其實的「會而不議」！中國話「會」字這一字音，在俄國人聽來，是極其不雅，非常忌諱的一種語音。尤其當著俄國婦女們面前操中國語說「開『會』」或「聚『會』」的話，她們不是面紅耳赤，便會掩口葫蘆！孫大有一位姓劉名「霏」的同學，很怕在俄國人面前叫他的名字，終於廢止了自己的本名，而用俄文名字。我們一踏入俄境，便面臨著許許多多的「會」。首先有所謂歡迎會，就是由老同學籌備一次晚會，對新來的同學表示歡迎。主其事的，當然是老共產黨，他們一舉一動，都有作用；一字一句，都有用意的。不管你是國民黨或共產黨，一見面就親切的呼你一聲「同志」。在國共合作時期，孫大的共產黨，全部都加入了國民黨，具備雙重黨籍。因此，站在國民黨的立場，對同學們一律稱為同志，原無不可。但站在共產黨的立場，叫純粹國民黨員為同志，就殊有未合。當第三批同學，自廣州到達莫斯科時，照例的歡迎會，習慣地沿用舊有的「歡迎新同志大會」。這名稱當時純粹國民黨份子，認為「同志不應分新舊」、「兩家未必一家春」，不如改為「歡迎新同學」，比較名符其實。一字之微，而意義便大不同了。

莫斯科經常有各種各色的晚會，由各工廠、學校、團體輪流舉辦。這些晚會，揉雜聯絡，交誼、娛樂、宣傳於一團，由各單位員工的小型劇團或歌唱隊分別演出。有一種叫做「活報」的小型歌劇，由幾個穿著藍色工作服的男女，以軀體搭架成一部機器模型，轉動軸輪表演機械運行動作，且舞且唱，表示工業方面的情形。有些是由一群農民裝束的男女，以拍手或「打哇哇」方式，唱出民間歌曲及民謠，表示農民方面的情形。另有一種，是以幾十隻玻璃酒瓶裝進或多或少的清水，掛在一個架子上，以小木棒敲打，叮噹作響各種節奏，配以鋼鋸作絃子，發出嗚嗚的聲音，構成一種複雜的音樂，以表示軍事方面的情形。這些音樂、歌唱，初聽起來，似尚新穎，但日子久了，也就覺得平平無奇。我們初到俄都時，參加一次東方語文學院的晚會。看到一群身穿長褂，頭戴花花綠綠壓髮小帽的男女，以拇指食指互相搭拍，發出一種「的嗒」聲音，載歌載舞，頗感新奇，但不知係代表何種民族的玩意？直到回國十多年，才得將這一場謎底揭開——原來這就是我國西北一大行省——新疆的歌舞！

一九二六年的冬天，孫大來了一位老太婆，名叫澤特金，係德國老共產黨，為「三八婦女節」之倡導者，與馬克思為老友，年齡已屆七十多歲（她生於一八五六年，為德國社會民主黨老女黨員之一，亦著名國際勞動運動的革命者，第一次大戰時，立場與李卜克內西、盧森堡等一致。後任社會主義婦女國際局祕書、《平等報》編輯。以後加入共產黨，共產國際第三次大會時，被選為執行委員）。當她蒞校的當天晚上，我們曾舉行一個盛大晚會，以表歡迎！這個晚會沒有什麼特別表演，主要的是瞻仰這位革命老人的風采和她的偉論。講時，口若懸河，滔滔不絕地敘述她的革命歷史和觀點。講到驚警處，輒為聽眾熱烈掌聲與歡呼所打斷。且不時由琴師奏出所謂「國際歌」，壓迫著聽眾起立致敬！其熱烈場面，也算少有。其後數年，她一直住在莫斯科（有人說是被史達林所軟禁），直到老死（她死於一九三三年）。當她出殯那天，史達林和蘇俄顯要都替她抬棺材，這要算是她一生最後一次的風頭。另外還有一個過氣的俄國第一夫人，就是列寧的太太——克魯普斯卡亞，也曾一度蒞臨孫大，參加紀念會。她形容憔悴，致詞簡短，而且她的喉嚨嘶啞，已經叫不響亮。由於她與史達林有矛盾，一般人就不敢對她太重視。說來也是天下的可憐人。孫大有一次舉行巴黎公社的革命紀念會，來賓中有幾個鬚髮皆白的老者。主席當眾介紹：這幾位都是列寧的老友，俄國革命的前輩。這使全場自然又轟動了一番。不料這幾位老者，登臺致詞，語無倫次，越說越不像話，並把這些徒子徒孫們，教訓了一頓。弄得一班共黨份子，啼笑皆非，而國民黨的同志，則暗自稱快！

孫大比較緊張而嚴肅的集會，要算是史達林第二次蒞校的那一回。當時是托洛斯基所領導的反對派，和史達林所統轄的中央派，鬥爭最激烈的時候。托氏雖已漸漸失勢，但他的徒眾還遍佈全俄，潛力浩大。尤其孫大，自校長拉狄克以下，比較知名的教授，大多數都是同情托洛斯基的人物，史達林心裡當然明白。所以當他來校之前，孫大共黨，即連續舉行過討論會，遵照其上級黨部指示，對托派理論，逐點加以駁斥，以正視聽。等到他們都瞭解「中央」意旨之後，這一首腦人物，才登臺作法宣講。那天，這個蓄著牙刷式鬍子，口含煙斗的混世魔王，在前扶後擁的推輓之下，踏入了孫大校門。一開始就捧出列寧教條，把托洛斯基派罵得狗血淋頭。聽眾們除了照例鼓掌之外，自然不敢有任何其他表示。不到幾年，這班反對派，都被屠殺放逐幾無遺類，最後連流亡在墨西哥的托氏，亦首領不保。

# 史達林有個好太太

史達林的黑市夫人、臨時太太、姘頭、情婦和一杯水的女人，總共有多少？這是沒有一個俄國人能道其詳的祕密。在二十年代時，據說在史達林婚姻簿上登過帳的太太，至少已經有了四個之多。

史達林是俄國喬治亞一個真正的無產階級，他厭惡窮困的生活，曾做過小工、做過流浪漢、搶過商店和銀行、當過長期的囚徒。因為他生來醜惡粗魯，貧無立錐之地，沒有一個女孩子把他放在眼裡。革命以後，他翻了身，有了地位，年近四十才正式結婚。第一任髮妻，大家都叫不出她的名字，受不起史達林許多的虐待，沒有幾個月，就自動的離開了他。她的下落如何，沒有人清楚，不久也把她遺忘了。第二任太太，是他心目中早已預備的人物，叫做娜拉斯達，接著睡上了他前任太太的熱床。但她過於老實忠厚，有一種與世無爭的氣概，這自然與史達林的野心性格不太適合。史達林對她雖沒有什麼感情，待她卻還相當客氣。但這並不是史達林理想的伙伴，加上史達林又看上了另一個女孩子，名字叫做愛利魯耶娃。終於他把她休棄（有人說失蹤），娶了這位年輕的女孩子。愛利魯耶娃，出身好，比較純潔，有一點學識見解。與史達林結婚十三年後，終以政見意志衝突，不容於史達林，被他扼殺了，謊報是病死。一向替史達林牽線拉馬慣了的卡岡諾維齊，便乘機而入，用裙帶關係結緊政治關係，將自己的妹妹羅莎，貢獻給了史達林。雖沒有正式正名，也算是第四任太太了。

在史達林這四位太太當中，值得一說的，只有第三任（有人說是第二任，大約是把他的髮妻忘了）的愛利魯耶娃。愛利魯耶娃，俄國人都相當的稱讚她——說是一個好太太。一九一九年與史達林結婚，才十七歲，比史達林小了二十多歲。她進了克里姆林宮以後，十年沒有出過門，物質享受雖很優裕，而行動不能自由，卻是她最大的苦悶。一九二九年的某一天，她在《真理報》上，看到共黨青年團和黨的積極份子，將到工廠協助國家加速工業化生產的消息。她得了丈夫的同意，史達林也想她去起點帶頭號召作用，她進了莫斯科工藝學校，去學習技術，選修紡織物科，研究人造絲的生產。關在籠子裡已經十年的愛利魯耶娃，一旦衝出克里姆林宮圍牆，和俄國一般人民接觸以後，自然覺得世界大變，耳目為之一新，深為驚訝不已！

愛利魯耶娃像一個初入蘇俄社會的人，這時她才發現為了工業化，勞工們的太太和子女被剝奪或減少了食物配給；她從同學們談話中，聽到千萬少女被迫當娼妓，為其父母和本身苟延殘喘，派到農村推動集體農場計劃；知道幹部們無情的公審和放逐農民的情事；探悉了烏克蘭大饑荒中，成群結隊的人民，沿途乞食的真相，和烏克蘭災區，人吃人肉的慘事。愛利魯耶娃良心不忍，把這些可怕的情景，告訴了史達林，希望丈夫能予垂憐，來救救這些可憐蟲。史達林不但沒有大發慈悲，還粗野的罵了她一頓，並限制她以後不准再去上學，幽禁在克里姆林宮籠子裡，命令他的衛隊長鮑克監視著她。

愛利魯耶娃是一位個性相當強的女性，始終不屈服於史達林。到了一九三二年十一月，為史達林無情的屠殺與放逐烏克蘭的人民，她與史達林發生一次激烈的爭執。翌日，突然的死去，倒在寢室的地板上，克里姆林宮宣布是病死，實際是被史達林所扼殺的。愛利魯耶娃死後不久，曾奉史達林命令監視她的衛隊長鮑克，告訴祕密警察一個頭子亞歷山大・奧爾洛夫（此人以後逃出蘇俄到了德國）說：愛利魯耶娃自被監視後，與丈夫爭吵的時候，亦愈來愈多。有一次，她的肝火大發，痛罵史達林是「人間的活閻王，你不是活閻王是什麼？你逼死了你的太太、迫死了你的兒子、迫害了你的許多部下，還要迫死蘇俄千千萬萬的人民，地獄裡的閻羅王，對你都要減色。」知夫莫若妻，這真是說穿了史達林一生的狠心惡行。

愛利魯耶娃可算是蘇俄很多有膽有識女性之一，只惜從夫不良，冤死在良人的血腕中，可悲亦復可惜！我如能為蘇俄寫歷史，非替她寫一篇傳不可。

# 中華故土海參崴

我們對蘇俄最熟習僅次於莫斯科的城市，就是海參崴。由中國海道到俄國，這是第一站。一九二五年冬季，我們赴俄時，為等往莫斯科的火車票，在此停留了五天；一九二八年夏季回國，為候至滬海輪，又住了一星期。前後十多天，無所事事，只好竟日亂跑亂闖。去時，為了好奇，心情固比較愉快，只惜冰天雪地，拘束了遊玩的行動，除一片銀色之外，也沒什麼好看好玩。回時，氣候算是很好，景色宜人；但我們在蘇俄特務監視之下，只好自己處處檢點，由於情緒的低落，也沒有興趣去欣賞這塊原是我國固有的土地。

在蘇俄地圖上，是找不出海參崴這個地名的。他們把它叫做「烏拉吉瓦斯托克」，日本人則稱之浦塩斯德，位置於日本海的西北岸。在若干年代以前，只是一個小小的漁村，是屬於中國的領土，後來被沙俄步步侵占，造成一些既成事實。我昏庸懦弱的清政府，亦視此蕞爾漁村地帶無關重要，乃於咸豐時期割讓給了帝俄。帝俄西向不逞，轉撥侵略箭頭對東方，積極經營，闢之為商港與軍港，修築西伯利亞鐵路，亦以此為終點。帝俄的野心，終於引起了日本眼紅與恐懼，因帝俄占據滿洲不撤退，進窺朝鮮，乃爆發了一九〇四年的日俄戰爭。帝俄大敗，遠東海軍，幾於全部消滅；遠東海上權利，幾於完全喪失，打破了它遠東的迷夢。迨十月革命以後，蘇俄對西方發動共產革命失敗，侵略目標，復由西轉到東，海參崴自然又成了它極重要的駐點。

今日的海參崴，已成了蘇俄東方重要的海港，貿易頗盛，商店林立，但很少高樓大廈的建築；有堅固的要塞，亦蘇俄遠東海軍之基地。惟冬季冰封數月，諸多不便。沙皇與蘇俄之一貫垂涎我旅順、大連，其野心企圖之一，即在彌補此一缺點。我們對於這座半山城市，並無太多好感，因為既無名勝古跡，可以流連，亦無博物館、圖書館、名大學、大文化機關、大公園等，足以引人。冬天一片白，冷得要命；夏天僅面對大海，差可一觀。海參崴的人口，當時不到二十萬，有華人、俄人、日本人、朝鮮人，比例雖不太清楚，從浮動面觀之，華人似占多數，俄人反而覺得少。或華、日、韓人種面貌難辨，混亂了我們的視覺。縱橫幾條馬路，比較寬闊，地勢不平，坡度極大。當時僅有電車，作為代步的工具，此外馬車、人力車，我們卻沒有利用過。

我們初次到海參崴時，係蘇俄招待，由大旅館改住一家公寓，類似學生或工人宿舍。除住宿外，飲食都要到外面解決。我們卻沒有打聽這宿舍，公營抑係私營，但茶役都是一些老太婆，頭腦古板得狠。如果衣著不整出了自己臥室之門，她們就要囉哩囉嗦，比莫斯科人民的頭腦，似乎差了一個世紀。第二次到海參崴，食宿都是我們自己花錢，這班中國學生，顯然已不被他們重視——沒有剩餘價值可利用了。我們住在凡爾賽旅館，這裡比較貴族化，有酒吧、餐廳、舞場，旅館中的規矩，也比較莫斯科開放，茶房公開拉皮條、叫妓女，並不嚴格禁止。特務警察除有關政治性的事情外，其他也視若無睹。這或許是因港口碼頭，特別開放，好多撈一點外匯的關係。市中心區入夜稍形熱鬧，所謂阻街女郎，滿街穿上穿下。她們有一種共同的特徵，不像上海四馬路的野雞，佇守街邊拉客，她們卻不停的在人行道上作急行軍，彷彿有什麼急事趕路似的，眼睛則盯看著緩步閒蕩的男人。那男人如果照樣回敬她一眼，或跟蹤著她，她便大膽的靠近，挽著他的手臂，一邊繼續向前衝行，一邊交談生意。條件談妥，便上她的香巢或旅館。我們看慣了，便叫這些妓女為「衝鋒女郎」。這在我國任何都市，恐怕都是沒有的。俄國革命以後，當局宣傳，大吹蘇俄沒有娼妓和乞丐，不是自欺欺人嗎？

海參崴因為華人多，一切生活習慣，很多還保存著中國風味。像飯館酒店華人所經營的很多，布置陳設，多古香古色；招待客人，一呼百諾，必恭必敬。我們上飯館，每餐都少不了大蝦、螃蟹，據說這是當地名產。蟹腿大過雞腿，大蝦視為粗菜，皆鮮美可口，價錢也極低廉。我們在海船上吃不下一點東西，在莫斯科吃膩了羅宋大菜，一到海參崴，便爭找中國飯館，家鄉口味，總是百吃不厭的。此間娛樂，極少正當消遣之處，多的是低級的酒吧、舞場和咖啡館。華人的家庭或商店，麻將之風極盛，莫斯科中國飯館雖也有，但是不多。我們僅僅看過幾場蹩腳的京戲。歌劇院、電影院，尚不普遍。至於電視、廣播，那時連京都莫斯科也沒有。

在海參崴令人最難忘的一件事：即當我們搭海輪回國時，在碼頭上，已經過海關一度嚴格檢查。上了船，又是特務警察的檢查，所有西裝、外套衣裡子都要扯開，箱子、皮包經過幾次敲驗，沒有問題之後，才准進入艙房。特務警察臨去時，還囑咐我們：身上所帶的「盧布」（俄幣），不要放在口袋，都要放到房間裡。我們初以為是他們準備謀取財物，反而把它隨身謹藏起來。不意海輪將啟錨開航之前，又來一次大檢查，命令所有旅客下船，走上碼頭，實行澈底脫衣解帶的搜查。帶有違禁物品的，自然連人都扣留，「盧布」一塊都不准帶走，只能留交當地的親戚朋友。我們固沒有違禁品，而身上所帶的「盧布」雖不多，卻也大傷了腦筋。結果，還是幾個特務警察幫了我們的忙，分別帶了我們出碼頭走一轉，花了幾分鐘的時間，又回到碼頭，對檢查人員說一句：「他們的盧布都交給朋友了。」我們就無事的上了船。

我們始終想不透：蘇俄既禁盧布出國，特務警察又為什麼放我們帶盧布出國，不很矛盾嗎？蘇俄特務警察是有名殺人不見血的，為什麼對我們會這樣好起來？現在想起來，卻還是一個不解的謎。

# 留俄學生脫險歸國

莫斯科「孫逸仙大學」的創設，原是蘇俄利用第三國際向東方發展多種陰謀之一。藉紀念我　國父孫中山先生為名，遂行赤化中國青年，作其爪牙為實。繼他們設立「東方大學」，訓練東方純共產黨員（中國共黨青年有四十餘人）之外，專設「孫逸仙大學」，即在爭取中國國民黨籍的青年歸化共黨，供其利用。正如孫大校長拉狄克，對美國記者來校參觀時所說：「完成二十年後的中國政治，就在這輩青年身上。」所以孫大最初絕大多數的學生，為中國國民黨籍的青年，共黨份子，不過百分之二十。本校當時且有「中國國民黨旅莫支部」的設立，經常有組織訓練上的活動，亦不被學校當局和共黨所阻禁。稍後，中共旅莫支部，秉承俄共意旨，採用種種方法，分化控制。初則公開討論批評三民主義，以動搖同學們的思想；繼則利用女共黨員，分途包圍勸誘同學加入共黨。不幸的，國民黨籍一部分同學，意志不堅，認識不足，竟落入了共產黨粉紅色的圈套。而大部分同學，始終保持本來立場，陽與共黨周旋，陰則自己關緊了門戶。除十數同學被共黨視為所謂國民黨右派外，其餘則全目為國民黨的左派份子，尚有利用的價值。同學們也因得相安於一時。

莫斯科的氣候，是陰沉寒冷的；孫大學生的生活，是極極苦悶的。兩年以來，所有中國學生，無論國民黨或共產黨的，都有一種早日脫離苦海，歸心似箭的心理。會一九二七年夏季，中國國民黨在南京舉行清黨時，第三國際東方部，乃有遣送中國學生回國的決定。消息傳到孫大和東大以後，無不歡欣鼓舞，暗自稱慶！隨即有谷某等數人，先後返國；迨武漢舉行清黨時，孫大當局奉命，解散了「國民黨旅莫支部」，並決定遣送鄭某等多人回國。當時遣送中國學生回國，原來決定四條路線：一為經海參崴取海道至滬，為國民黨籍同學的主要路線；二為經由哈爾濱，國共學生皆有；三為取道蒙古，則全為共產黨籍學生；四為取道歐洲，限於由歐洲各國來俄的同學。次序的安排：國民黨的學生先走，然後才是共黨學生。俄共用心之周密，即此亦可見之。不久，蘇俄派駐中國的顧問鮑羅廷，被武漢政府驅逐回國。他到莫斯科以後，隨向第三國際東方部建議，認為「此時遣送中國學生回國，等於幫助了國民黨執行其清黨工作；如係共產黨份子，也等於送他們上刀俎，對於共黨皆屬不利。不如因時控制及軟禁這班青年。如其不願或不可能，等待相當時日以後，再行遣送，亦不致誤事。到那時，中國共黨革命情勢，或能好轉。縱或不能，國民黨中央，對於由俄回國的學生，即令不加殺害，也會不敢去信任」。東方部接納了鮑羅廷的意見，迅即改變了此項遣送決策。凡共產黨籍的學生，一律分配到軍事學校受訓。以前除基輔空軍學校，有中國學生（多為馮玉祥派送）外，現在莫斯科的步兵學校、炮兵學校、高級射擊學校和陸軍大學，也都有了中國學生。同時，已經取道蒙古回國的共黨學生，到了庫倫，也被召返莫斯科。至於一部分國民黨籍的學生，便無不垂頭喪氣，欲留不願，欲歸不得。心中雖萬分苦痛，仍不能不強裝笑臉，貌若積極，與共產黨來敷衍。

此時共黨，對於國民黨籍的學生，仍不肯放鬆牢籠。利用大震盪的時代，國內消息不靈的機會，展開分化、利誘（安頓工作），也綁架了幾位同學。其餘的同學就只有抱定「聽天由命」的想法，以待時會。幸上帝不負苦心人，是年十一月七日，蘇俄在莫斯科紅場，舉行俄國革命十週年紀念大會時，俄國史達林派與托洛斯基派發生激烈衝突，互相鬥打。中國共黨學生當中，自然有史派，也有托派，亦參加了這一滑稽場面。而國民黨籍的同學，利用中共學生的複雜心理，則乘機起而反對俄共。這時，史達林的特務警察，雖早已積極展開了活動，但還未十分注意到外國學生的頭上來。過了兩天，僅聽到炮兵學校半夜裡拘捕了三個中國學生（自然是共黨托派份子，忘其姓名）而已。第三國際東方部，知道中國學生為不可屈，也不可留。當史達林決定放逐托洛斯基之同時，亦決定將國民黨籍的中國學生遣送返華。

俄共凡有關特務性的決定，執行起來，是非常迅捷的。中國回國學生，這次首批為九人，於是年十二月二日，離開莫斯科，十四日抵達海參崴，已先乘船赴滬。第二批十七人，於七日離開莫斯科，十八日，始至海參崴。其時，中國共產黨正在廣州發動大暴動，我國民政府恰於十八日正式宣佈與蘇俄絕交。由於中俄兩國外交關係的劇變，蘇俄當局對於這批到了海參崴的中國學生，便置之不聞不問，無法搭海輪回國。幸這批十七人之中，有位劉姓同學，原係日本早稻田大學的學生，大家商決結果，推派代表三人與劉同學，同到日本駐海參崴領事館交涉。好心的日本領事，雖許為協助，但有一個條件，只能搭乘日輪經長崎轉船赴滬，不能在日境登岸停留。大家為急求脫離虎口計，對於日本領事的要求，當然完全接受。乃急於十二月二十日上午九時，登上日輪，以防不測。迨日輪行將起錠發航，日本領事忽然急促登輪，表示送行，並告大家一項驚人消息說：「莫斯科已經來電，向日本交涉，要求逮捕此批中國學生。」奈此批學生已登上日輪，因外交關係，俄人亦莫敢如何！這批同學，既幸脫險，而日本當局的態度亦大變，我們不僅在輪上享受了若干優待，也允許大家由敦賀港登岸，遊覽東京、西京等地。我們也獲得從容計劃的機會，電告中央，由外交部接助返國。因為大家由莫斯科啟程時，已被特務警察嚴格檢查，多少東西，都被扣留，除簡單的隨身衣服用具和些微用費之外，真已別無長物。倘非日本當局的優待和我外交部之幫助，恐早流浪莫定、生死莫測了。

至於第三、第四批的同學數十人，後來，有些已經到海參崴；有的尚留在莫斯科待發，則全被拘捕監禁，或遣派勞動營作苦工。直到我國民革命軍統一全國以後，我國際地位提高，中俄關係亦趨改善，已經由俄回國的同學，才將被蘇俄所扣留之第三、第四批同學名單，報請中央黨部，轉由外交部委託德、日兩國大使，向蘇俄交涉，費盡若干周折，始得獲釋返國。有幾位同學，且直到對日抗戰時，經政府交涉，才得返回。同學們在被俄扣留監禁或服勞役期間，皆受盡無窮的折磨虐待。並有幾位同學如林俠、高儒臣等，則困死於蘇俄的牢獄中。今日回思往事，猶覺不寒而慄！

284 我的回憶（三版） 謝冰瑩 著

本書是作者回顧前半生經歷的文字記錄，各篇雖不是於同一時間完成，但其中所流露對於親人、師長、友儕的思念，以及隱含於字裡行間的生命韌性與熱情，卻是貫穿全書的。作者以直爽樸實的文字承載其炙熱的情感與不撓的毅力，即使物換星移，依舊熨燙人心，溫暖了每個世代。

273 楊肇嘉回憶錄 楊肇嘉 著

作者在本書中詳盡描寫日據時代臺灣人的和平抗日活動，可說是第一手資料，從中可碰觸到那一代知識份子為土地人民奮鬥的心跳。而作者以一養子的身世，憑藉自己的勤懇與努力，終贏得養父和社會的尊重、信服，屢委大任，其人生的歷程與心境轉折，亦充滿了激勵人心的力量。

305 吳鐵城回憶錄（三版） 吳鐵城 著

作者早年為革命運動奉獻己力，民國初建後歷任要職、致力於國家建設。所撰回憶錄詳述自年少時期之見聞，乃至從事革命運動後的重大經歷，以縱觀歷史之視野、寬弘之胸懷，對當時政治環境有深刻的觀察與體悟，內容足以反映我國政治社會近半個世紀的演變過程，乃中國現代史珍貴的史料。

*298* 賣牛記　琦君　著

聽聽回到家，看見牛欄竟是空的，原本掛在阿黃脖子上的鈴鐺，現在卻孤零零的留在柵門上。阿黃呢？記得那天媽媽和長根公公商量要賣掉阿黃，幫爸爸買地修墳，該不會……

「老牛賣掉，多半是被宰殺了。」聽聽想起長根公公的話，想到阿黃那雙潤濕的眼睛望著他的那份情意，他恨不得一腳跨到了城裡，把阿黃贖回來。

琦君看似輕柔的筆觸，蘊含人性的光明與良善，深含人類最原始、最純真的情感，娓娓道出超越功利的更高價值——愛，企盼重新喚起人性中失落已久的美好。本書溫婉的文字，充滿童趣的插圖，等您來細細品嘗箇中「愛」的滋味。

*020* 中年時代　薩孟武　著

經過風風雨雨，走過兵荒馬亂

當生命邁入古稀，回顧從前，會是一種什麼樣的心境？

薩孟武先生當年學成歸國之後，在戰亂流徙間，他以一個政治學者的敏銳角度，藉著平凡小事，詳實記錄過去的風土民情。從上海到南京再到重慶，抗戰勝利後返鄉返都，這趟路程橫越大半個中國版圖。

他的中年適逢中國近代最動盪不安的時期，透過他的所見所聞，將帶領讀者貼切地感受到半世紀前中國社會的風貌。量。

*310* 烽火夕陽紅（五版）　易君左　著

本書內容包含了作者於抗戰期間的日記隨筆，以及遷臺後的見聞實錄。身處戰爭頻繁、烽火肆虐的年代，作者以文學之筆刻劃了動盪的大時代下人們的心聲，字字珠璣、聲聲血淚；他以審慎的態度書寫中國近代史上的重要階段，實具有無可抹滅的史料價值。